すぐに使えるビジネス英会話

豊富なシーンで役立つ
「会話」と「フレーズ」満載！

(株)イー・グローブ
島村東世子―●著
Toyoko Shimamura

日刊工業新聞社

■ はじめに

　英語を使って仕事をすることはハラハラドキドキの連続で、少し勇気も要りますよね。

　だけど、何とか英語で仕事をやり終えた後は、さわやかな気分と新しい発見がいっぱいの、充実感に満ちた時間でもあります。

　この本は、「英語がちょっぴり苦手な方でも、達成感を感じながら楽しく英語で会話をして、円滑にお仕事ができるようになる！」というコンセプトのもとに執筆しました。

　ビジネスで英語を使っていると、「知っているのに、単語が出てこなかった」「あの時こう言えばよかった」「あんな時、どう言えばいいのだろう？」と思うことがよくありますよね。

　そこで、「次こそはスラスラ言えるようにする！」と決意し、わからなかったことを後で調べたり、もう一度声に出して何度も言ってみたりすることを積み重ねることが、上達の秘訣なのかもしれませんね。

　そんな時、この本が貴方のお役に立てればとっても嬉しいです！

　ぜひ、この本を使って楽しく練習してくださいね。

2015年7月
株式会社イー・グローブ 代表取締役 島村 東世子
Copyright ©2015 Toyoko Shimamura, Eglobe

■ この本の特徴

1. 自分一人でビジネス英会話の練習ができる！

　この本独自のメソッドで、「一人でビジネス英会話の練習ができる練習問題」を収録しています。

　具体的には、「ビジネスシーン別のダイアログを、実際に言えるようにするための練習問題」や「自分の状況や考えを取り入れて発話できる練習問題」が含まれています。

　もちろん、「ダイアログやフレーズの音声 🔊MP3 」もついていますし、「様々な英会話の自己学習方法」も記載しています。ぜひトライしてみてくださいね！

2. 実際のビジネス現場に基づいた英会話スキルを習得できる！

　「そうそう、これが言いたかった！」と思わず言っていただけるような、実際のビジネス現場に基づく会話パターンや語句、フレーズを収録することに力を注ぎました。また、日本人にとってできるだけ言いやすいフレーズを選んで記載しました。

　さらに、「仕事の話は何とかできるけど、ちょっとした会話ができない」、「状況別での特有の言い回しが知りたい」というようなニーズにもお応えしています。

■ 本書の構成と使い方

Dialogue　　　🔊 MP3 0-00

　各シーンでの会話例です。
　MP3の音声を一度聞き、会話の場面や内容をイメージしましょう。ページ下の「語句」も参考にしてください。自分がよく使いそうなフレーズには下線を引き、音声に続いて何度もリピートや音読をしましょう。
　MP3の音声は、以下のURLからダウンロードすることができます。

http://pub.nikkan.co.jp/html/07444

【注意事項および免責事項】
＊詳しいダウンロード方法やデータの形式などに関しましては、リンク先のページの「ダウンロード案内」をご参照ください。
＊ダウンロードいただく音声データは著作権法で保護されています。音声データを使用できるのは、ダウンロードした本人が私的に使用する場合に限られます。本データあるいはそれを加工した物を第三者に譲渡・販売することはできません。
＊本ファイルを保存・実行してもパソコンに障害や不具合の発生がないことを確認していますが、万が一、本ファイルの保存・実行およびコピーなどにより、ご使用のパソコンやスマートフォンなどに何らかの障害や不具合が生じたとしても、日刊工業新聞社および著者は免責とさせていただきます。使用につきましては、利用者自身の責任においてご利用ください。

ターゲットフレーズ☆これだけは！　　🔊 MP3 0-00

　Dialogueの中から、特に「これだけは言えるようにしたい！」というフレーズを記載しています。MP3の音声に続いて何度もまねをし、スムーズに言えるようになるまで声に出して練習しましょう。イントネーションやリズムもまねてみましょう！

関連フレーズ

各シーンに関連した、お役立ちフレーズを紹介しています。
MP3の音声では、「ターゲットフレーズ☆これだけは！」に続いて、この「関連フレーズ」が流れてきます。音声に続いて何度も声に出して、スムーズに言えるようになるまで練習しましょう。

Let's Try 1

Dialogue の英文の一部が空欄になっています。
日本語を参考に空欄部を声に出しながら埋めてみましょう。わからなかったらサンプル解答を見ながらでも良いので、何度も声に出して練習しましょう。

Let's Try 2

各シーンで学習した内容を応用するための練習問題です。
実際に誰かと会話をしているつもりで、状況をイメージしながら声に出して練習しましょう。問題で指示されている内容以外にも、自分が言いたいことを付け足してみるのも良いでしょう。言いたい内容を先に書いてみるのも効果的です。わからなかったらサンプル解答を見て、それを口に出して練習しましょう。

Let's Try 1 サンプル解答

Let's Try 1のサンプル解答です。

Let's Try 2 サンプル解答

Let's Try 2のサンプル解答です。**Dialogue** に含まれていなかった役に立つフレーズや言い回しが記載されています。

Toyoko先生とCoffee Break！

英会話の自己学習に役立つ情報や、ちょっと知っておきたいことなどを記載しています。ぜひご参考にしてください。

CONTENTS

はじめに 1
本書の構成と使い方 3

Unit 1　自己紹介とスモールトーク

SCENE 1　初対面の挨拶 10
SCENE 2　名刺を渡す 14
SCENE 3　同僚を紹介する 18
SCENE 4　スモールトーク 1 22
SCENE 5　スモールトーク 2 26
SCENE 6　スモールトーク 3 30

Toyoko先生とCoffee Break！
英語学習に関するよくある質問 34

Unit 2　会話を円滑にするフレーズ

SCENE 1　相槌を打つ 36
SCENE 2　繰り返しを求める・間を持たせる 40
SCENE 3　話をふる・語の説明を求める 44
SCENE 4　再度説明する・確認する 48

Toyoko先生とCoffee Break！
「声に出して」練習する大切さ 52

Unit 3　受付の英会話

SCENE 1　用件をたずねる 54
SCENE 2　部屋へ案内する 58
SCENE 3　部屋への行き方を教える 62

Toyoko先生とCoffee Break！
今日からできる！リスニング自己学習法 〜その1〜 66

CONTENTS　5

Unit 4　電話の英会話

SCENE 1	電話をかける・受ける	68
SCENE 2	一時的な不在を伝える	72
SCENE 3	不在を伝える	76
SCENE 4	伝言を預かる	80

Toyoko先生とCoffee Break！
今日からできる！リスニング自己学習法　〜その2〜 …………… 84

Unit 5　出張時の英会話

SCENE 1	ホテルの予約をする	86
SCENE 2	空港へ迎えに来てもらう	90
SCENE 3	初対面の人と空港で会う	94
SCENE 4	買い物する場所を確認する	98

Toyoko先生とCoffee Break！
今日からできる！リスニング自己学習法　〜その3〜 …………… 102

Unit 6　お客様をもてなす

SCENE 1	手助けを申し出る	104
SCENE 2	観光場所をアドバイスする	108
SCENE 3	食べ物の好みをたずねる	112
SCENE 4	食事に誘う	116
SCENE 5	レストランでの会話 1	120
SCENE 6	レストランでの会話 2	124

Toyoko先生とCoffee Break！
今日からできる！スピーキング自己学習法　〜その1〜 …………… 128

Unit 7　自社を紹介する

SCENE 1	歴史を紹介する	130
SCENE 2	取扱い製品を紹介する	134
SCENE 3	会社をアピールする	138

CONTENTS

SCENE 4　最近の動向を紹介する ……………………………… 142

Toyoko先生とCoffee Break！
今日からできる！ スピーキング自己学習法 ～その2～ ……… 146

Unit 8　セールストーク

SCENE 1　商品をすすめる ……………………………………… 148
SCENE 2　特徴を伝える ………………………………………… 152
SCENE 3　感想を聞き出す ……………………………………… 156
SCENE 4　交渉する ……………………………………………… 160

Toyoko先生とCoffee Break！
今日からできる！ スピーキング自己学習法 ～その3～ ……… 164

Unit 9　会議の英会話

SCENE 1　電話会議の参加者を確認する ……………………… 166
SCENE 2　賛成する ……………………………………………… 170
SCENE 3　反対する ……………………………………………… 174
SCENE 4　意見を述べる ………………………………………… 178
SCENE 5　確信度を表すフレーズ ……………………………… 182
SCENE 6　メリットを説明する ………………………………… 186
SCENE 7　即答を避ける ………………………………………… 190
SCENE 8　要求をソフトに断る ………………………………… 194
SCENE 9　会議の進行役（チェアー）を務める ……………… 198

Toyoko先生とCoffee Break！
助動詞を使いこなそう！ …………………………………………… 202

おわりに ……………………………………………………………… 204
シーン別お役立ちフレーズ Index ………………………………… 205

Unit 1
自己紹介とスモールトーク

- **SCENE 1** 初対面の挨拶
- **SCENE 2** 名刺を渡す
- **SCENE 3** 同僚を紹介する
- **SCENE 4** スモールトーク 1
- **SCENE 5** スモールトーク 2
- **SCENE 6** スモールトーク 3

Toyoko先生とCoffee Break！
英語学習に関するよくある質問

SCENE 1 初対面の挨拶

I'm the Sales Manager at ABC Company.
私はABC社の営業マネージャーです。

Dialogue 🔊 MP3 1-01

A：こんにちは。私の名前はサイトウケイコです。
Hello. My name is Keiko Saito.

私はABC社の営業マネージャーです。はじめまして。
I'm the Sales Manager at ABC Company. Nice to meet you.

B：はじめまして。私はロナルド・スミスです。
Nice to meet you, too. My name is Ronald Smith.

私はXYZコーポレーションの販売担当者です。
I'm a Sales Representative at XYZ Corporation.

ロンと呼んでください。
Please call me Ron.

A：わかりました、ロン。私のことはケイコと呼んでください。
OK, Ron. Please call me Keiko.

語句

Sales Manager 営業マネージャー
Sales Representative 販売担当者　call（人）〜（人）を〜と呼ぶ

SCENE 1 初対面の挨拶

ターゲットフレーズ☆これだけは！ 🔊 MP3 1-02

私はABC社の営業マネージャーです。
I'm the Sales Manager at ABC Company.

ケイコと呼んでください。
Please call me Keiko. / You can call me Keiko.

関連フレーズ

私はABC社の営業部で働いています。
I work at the Sales Department of ABC Company.

私は総務部にいます。
I'm in the General Affairs Department.

企画部のシマムラトヨコです。
I'm Toyoko Shimamura from the Planning Division.
➡ from はそこからやってきた、というニュアンスを含む。

久しぶり。お元気ですか？
Long time no see. How are you doing?

私はずっと元気ですよ。あなたは？
I've been doing well. How about you?

以前お会いしたことがあると思います。
I think we have met before.

ようこそABCコーポレーションへ！
Welcome to ABC Corporation!

Unit 1 自己紹介とスモールトーク　●11

Let's Try 1　日本語を参考に下線部を埋めてみましょう。

A：こんにちは。私の名前はサイトウケイコです。
Hello. My _____.

私はABC社の営業マネージャーです。はじめまして。
I'm the _____. Nice _____.

B：はじめまして。私はロナルド・スミスです。
Nice _____. My _____.

私はXYZコーポレーションの販売担当者です。
I'm a _____.

ロンと呼んでください。
Please _____.

A：わかりました、ロン。私のことはケイコと呼んでください。
OK, Ron. _____.

Let's Try 2　下線部に自分の情報を入れ、日本語を英語に変えながら自己紹介をしてみましょう。

A：Hello. My name is Shannon Carter.
I'm the Sales Manager at ABC Company. Nice to meet you.

B：こんにちは。私は_____です。
私は_____社の_____部で働いています。
_____と呼んでください。

12

SCENE 1 初対面の挨拶

Let's Try 1　サンプル解答

A：こんにちは。私の名前はサイトウケイコです。
　　Hello. My name is Keiko Saito.

　　私はABC社の営業マネージャーです。はじめまして。
　　I'm the Sales Manager at ABC Company. Nice to meet you.

B：はじめまして。私はロナルド・スミスです。
　　Nice to meet you, too. My name is Ronald Smith.

　　私はXYZコーポレーションの販売担当者です。
　　I'm a Sales Representative at XYZ Corporation.

　　ロンと呼んでください。
　　Please call me Ron.

A：わかりました、ロン。私のことはケイコと呼んでください。
　　OK, Ron. Please call me Keiko.

Let's Try 2　サンプル解答

A：Hello. My name is Shannon Carter.
　　I'm the Sales Manager at ABC Company. Nice to meet you.

B：Hello. I'm Kenji Suzuki.
　　I work at the Technical Department of Eglobe.
　　Please call me Ken.

A：こんにちは。私の名前はシャノン・カーターです。
　　私はABC社の営業マネージャーです。はじめまして。

B：こんにちは。私はスズキケンジです。
　　私はイーグローブの技術部で働いています。ケンと呼んでください。

Unit 1　自己紹介とスモールトーク　●13

SCENE 2　名刺を渡す

Here's my business card.
私の名刺です。

Dialogue 🔊MP3 1-03

A：こんにちは、はじめまして。私はポール・ロジャースです。
Hello, nice to meet you. I'm Paul Rogers.

私は東アジアでの営業を担当しています。
I'm in charge of the sales in East Asia.

私の名刺です。
Here is my business card.

B：ありがとうございます、ロジャースさん。私の名刺です。
Thank you, Mr. Rogers. This is my business card.

A：どうもありがとう、タナカさん。どうぞお座りください。
Thank you very much, Ms. Tanaka. Please have a seat.

B：ありがとうございます。
Thank you.

語句

in charge of〜 〜を担当している、〜の責任者である
Here is〜 これが〜です　business card 名刺　have a seat 座る

SCENE 2 名刺を渡す

ターゲットフレーズ☆これだけは！ 🔊MP3 1-04

（どうぞ）私の名刺です。
Here is my business card. / This is my business card.

➡ 名刺の交換時は笑顔でアイコンタクトをする。日本のビジネスマナーのようにお礼をして両手で受け取らなくても良い。

私は東アジアでの営業を担当しています。
I'm in charge of the sales in East Asia.

どうぞお座りください。
Please have a seat.

➡ お客様に対しての「おかけになってください。」はPlease have a seat.の方が適切。Please sit down.だと少し上から目線のニュアンスになる。

関連フレーズ

私は東アジアでの営業を担当しています。
I'm responsible for the sales in East Asia.

私は企画部に所属しています。
My position is in the Planning Division.

私はイーグローブのCEOです。
I am the CEO of Eglobe.

あなたのお仕事は何ですか？
What do you do?

あなたの部署は？
What department are you in?

➡ すでに社内に何の部署があるかを知っていればWhich department〜？

Unit 1 自己紹介とスモールトーク

Let's Try 1 日本語を参考に下線部を埋めてみましょう。

A：こんにちは、はじめまして。私はポール・ロジャースです。
Hello, _____. I'm Paul Rogers.

私は東アジアでの営業を担当しています。
I'm _____.

私の名刺です。
Here _____.

B：ありがとうございます、ロジャースさん。私の名刺です。
_____, Mr. Rogers. This _____.

A：どうもありがとう、タナカさん。どうぞお座りください。
_____, Ms. Tanaka. Please _____.

B：ありがとうございます。
_____.

Let's Try 2 下線部に自分の情報を入れ以下のやりとりを英語でしてください。実際に相手がいるつもりで、ボディーランゲージを交えながら話しましょう。

A：こんにちは、はじめまして。私は 自分の名前 です。
私は 自分の主な職務 を担当しています。私の名刺です。

B：Thank you. I'm Shannon Carter. Here is my business card.

A：ありがとう。どうぞお座りください。

16

SCENE 2 名刺を渡す

> **Let's Try 1** サンプル解答

A：こんにちは、はじめまして。私はポール・ロジャースです。
Hello, nice to meet you. I'm Paul Rogers.

私は東アジアでの営業を担当しています。
I'm in charge of the sales in East Asia.

私の名刺です。
Here is my business card.

B：ありがとうございます、ロジャースさん。私の名刺です。
Thank you, Mr. Rogers. This is my business card.

A：どうもありがとう、タナカさん。どうぞお座りください。
Thank you very much, Ms. Tanaka. Please have a seat.

B：ありがとうございます。
Thank you.

> **Let's Try 2** サンプル解答

A：**Hello, nice to meet you. My name is Kenji Suzuki. I'm responsible for customer service. This is my business card.**

B：**Thank you. I'm Shannon Carter. Here is my business card.**

A：**Thank you. Please have a seat.**

A：こんにちは、はじめまして。私はスズキケンジです。
　　私はカスタマーサービスを担当しています。私の名刺です。

B：ありがとうございます。私はシャノン・カーターです。名刺をどうぞ。

A：ありがとう。どうぞお座りください。

Unit 1 自己紹介とスモールトーク　17

SCENE 3 同僚を紹介する

This is my colleague, ～ .
こちらは私の同僚の～です。

Dialogue 🔊 MP3 1-05

A：どうも、スティーブン。また会えて嬉しいです。元気ですか？
Hi, Stephen. It's nice to see you again. How are you?

B：どうも、ケイコ。私もまたお会いできて嬉しいです。
Hello, Keiko. It's nice to see you too.

こちらは私の同僚のステイシー・カーターです。
This is my colleague Stacey Carter.

彼女はプロジェクトマネージャーです。
She is the Project Manager.

彼女ならどんな質問にも答えてくれるはずですよ。
I'm sure she will be able to answer any questions you may have.

A：こんにちは、カーターさん。はじめまして。
Hello, Ms. Carter. Nice to meet you.

語句

colleague 同僚
I'm sure～ ～だと確信している　　be able to～ ～することができる

SCENE 3 同僚を紹介する

ターゲットフレーズ☆これだけは！　🔊MP3 1-06

こちらは私の同僚のステイシー・カーターです。
This is my colleague Stacey Carter.

彼女（彼）ならどんな質問にも答えてくれるはずですよ。
I'm sure she (he) will be able to answer any questions you may have.

➡ you may have の may は「〜かもしれない」という意味。直訳すると「あなたが持っているかもしれない」。may には「〜しても良い」という意味と「〜かもしれない」という2つの意味がある。

関連フレーズ

私の同僚のステイシー・カーターを紹介させていただけますか？
May I introduce my colleague Stacey Carter?

➡ May I 〜？は許可をもらう時の言い方。Can I introduce 〜？でも良い。同僚は colleague や co-worker と言う。

私の同僚のステイシー・カーターにはお会いになりましたか？
Have you met my colleague Stacey Carter?

やっとお会いできて嬉しいです。
I'm happy to finally meet you.

お噂は聞いています。
I've heard a lot about you.

一緒にお仕事ができるのを楽しみにしています。
I'm looking forward to working with you.

Unit 1 自己紹介とスモールトーク　● 19

Let's Try 1 日本語を参考に下線部を埋めてみましょう。

A：どうも、スティーブン。また会えて嬉しいです。元気ですか？
Hi, Stephen. It's _____. How _____?

B：どうも、ケイコ。私もまたお会いできて嬉しいです。
Hello, Keiko. It's _____.

こちらは私の同僚のステイシー・カーターです。
This _____.

彼女はプロジェクトマネージャーです。
She _____.

彼女ならどんな質問にも答えてくれるはずですよ。
I'm _____ any questions you may have.

A：こんにちは、カーターさん。はじめまして。
Hello, Ms. Carter. Nice _____.

Let's Try 2 海外の取引先にあなたの同僚の一人を英語で紹介してみましょう。以下の情報を入れてください。（想像の情報でもかまいません。）

・同僚の名前

・同僚の役職名

・彼女（又は彼）ができること

　　例）プロジェクトの詳細について説明できる

SCENE 3 同僚を紹介する

> **Let's Try 1**　サンプル解答

A：どうも、スティーブン。また会えて嬉しいです。元気ですか?
Hi, Stephen. It's nice to see you again. How are you?

B：どうも、ケイコ。私もまたお会いできて嬉しいです。
Hello, Keiko. It's nice to see you too.

こちらは私の同僚のステイシー・カーターです。
This is my colleague Stacey Carter.

彼女はプロジェクトマネージャーです。
She is the Project Manager.

彼女ならどんな質問にも答えてくれるはずですよ。
I'm sure she will be able to answer any questions you may have.

A：こんにちは、カーターさん。はじめまして。
Hello, Ms. Carter. Nice to meet you.

> **Let's Try 2**　サンプル解答

May I introduce my colleague Kyoko Yamada?
She is the Project Manager at XXX.
I believe she will be able to explain about the details of the new project.

同僚のヤマダキョウコを紹介させてください。
彼女はXXXのプロジェクトマネージャーです。
彼女なら新規プロジェクトの詳細について説明できると思います。

Unit 1　自己紹介とスモールトーク　●21

SCENE 4 スモールトーク 1

How was your flight?
フライトはいかがでしたか？

Dialogue　MP3 1-07

A：フライトはいかがでしたか？
How was your flight?

B：とても快適でした、ありがとう。
It was very comfortable, thank you.

A：時差ぼけは治りましたか？
Have you got over your jetlag?

B：まだ完全ではないですが、今朝は気分がとても良いです。
Not quite yet, but I'm feeling pretty good this morning.

A：それは良かった。
That's good to hear.

B：聞いてくださってありがとう。
Thank you for asking.

語句

How was～?　～はいかがでしたか？　　comfortable 快適
get over jetlag 時差ぼけから回復する　　feel good 気分が良い

ターゲットフレーズ☆これだけは！ 🔊MP3 1-08

フライトはいかがでしたか？
How was your flight?

とても快適でした、ありがとう。
It was very comfortable, thank you.

関連フレーズ

今朝は気分がとても良いです。
I'm feeling pretty good this morning.

➡ ここでのprettyは「かなり」という意味。可愛いという意味ではない。

まあまあでした。
It was OK.

➡ 「あまり良くない」はNot so good.
最悪だったという場合は、It was terrible. や、It was awful. などと言う。

時差ぼけは治りましたか？
Have you got over your jetlag?

ストックホルムから東京まで何時間のフライトですか？
How long is a flight from Stockholm to Tokyo?

スウェーデンと日本の間の時差は何時間ですか？
What's the time difference between Sweden and Japan?

どのエアラインを使われましたか？
Which airline did you fly with?

Let's Try 1　日本語を参考に下線部を埋めてみましょう。

A：フライトはいかがでしたか？
How _____ ?

B：とても快適でした、ありがとう。
It was _____ , _____ .

A：時差ぼけは治りましたか？
Have _____ ?

B：まだ完全ではないですが、今朝は気分がとても良いです。
Not quite yet, but I'm _____ .

A：それは良かった。
That's _____ .

B：聞いてくださってありがとう。
Thank you _____ .

Let's Try 2　日本語部分を英語に変えながら、以下のやりとりをしてみましょう。

A：フライトはいかがでしたか？

B：It was good. Thank you for asking.

A：時差ぼけは治りましたか？

B：Yes. I'm feeling great.

A：それは良かった。

B：But I have hay fever. My eyes are itchy.

A：あら、それはお気の毒に。

SCENE 4 スモールトーク 1

Let's Try 1 サンプル解答

A：フライトはいかがでしたか？
　　How was your flight?

B：とても快適でした、ありがとう。
　　It was very comfortable, thank you.

A：時差ぼけは治りましたか？
　　Have you got over your jetlag?

B：まだ完全ではないですが、今朝は気分がとても良いです。
　　Not quite yet, but I'm feeling pretty good this morning.

A：それは良かった。
　　That's good to hear.

B：聞いてくださってありがとう。
　　Thank you for asking.

Let's Try 2 サンプル解答

A：How was your flight?
B：It was good. Thank you for asking.
A：Have you got over your jetlag?
B：Yes. I'm feeling great.
A：That's good to hear.
B：But I have hay fever. My eyes are itchy.
A：Oh, that's too bad.

A：フライトはいかがでしたか？　B：良かったです。聞いてくださってありがとう。
A：時差ぼけは治りましたか？　B：はい。気分はとてもいいですよ。
A：それは良かった。　B：でも私は花粉症なんです。目がかゆいです。
A：あら、それはお気の毒に。

Unit 1 自己紹介とスモールトーク　●25

SCENE 5 スモールトーク2

> What's the weather like in ～ now?
> ～では今、どのような気候ですか？

Dialogue 🔊 MP3 1-09

A：カナダでは今、どのような気候ですか？
What's the weather like in Canada now?

B：そうですね、もうずいぶん寒いです。もうすぐ雪が降りそうです。
Well, it's already very cold. We are expecting snow soon.

A：あ、そうなんですか？ 私は雪が好きですが、この辺ではあまり降りません。
Oh, is it? I love snow, but we don't get much around here.

B：うーん、雪はきれいかも知れませんが、私はここの気候の方が好きです。
Well, snow can be beautiful, but I prefer the climate here.

A：ああ、そう言ってくださって嬉しいです。
Oh, that's very nice of you.

語句

weather 天気、気候　already すでに
expect snow 雪が予想されている　prefer～ ～の方を好む
climate 気候

SCENE 5 スモールトーク 2

ターゲットフレーズ☆これだけは！ 🔊MP3 1-10

カナダでは今、どのような気候ですか？
What's the weather like in Canada now?

➡ What's the weather like in (Canada)? は一般論としてどのような気候かを聞いている。How's the weather in (Canada)? は今現在の気候を聞くニュアンス。

あ、そうなんですか？
Oh, is it?

関連フレーズ

もうずいぶん寒いです。
It's already very cold.

とても暑くてムシムシしています。
It's very hot and humid.

暖かくて気持ちいいです。
It's nice and warm.

今は、猛暑です。
It's scorching weather at the moment.

この辺ではあまり雪は降りません。
We don't get much snow around here.

私はここの気候の方が好きです。
I prefer the climate here.

ご親切に、ありがとうございます。
That's very nice of you.

Unit 1 自己紹介とスモールトーク

Let's Try 1 日本語を参考に下線部を埋めてみましょう。

A：カナダでは今、どのような気候ですか？
What's _____?

B：そうですね、もうずいぶん寒いです。もうすぐ雪が降りそうです。
Well, it's _____. We are _____.

A：あ、そうなんですか？ 私は雪が好きですが、この辺ではあまり降りません。
Oh, is it? I _____, but we _____.

B：うーん、雪はきれいかも知れませんが、私はここの気候の方が好きです。
Well, snow can be beautiful, but I _____.

A：ああ、そう言ってくださって嬉しいです。
Oh, that's _____.

Let's Try 2 以下の語句を参考に、今の日本の気候を英語で説明してみましょう。

(例) It's very warm now.

春：**warm** (暖かい) ／ **mild** (穏やか)

夏：**scorching** (猛烈に暑い) ／ **rainy** (雨が多い)

秋：**chilly** (肌寒い) ／ **dry** (乾燥している)

冬：**freezing** (とても寒い) ／ **sunny** (良く晴れている)

SCENE 5 スモールトーク 2

> **Let's Try 1** サンプル解答

A：カナダでは今、どのような気候ですか？
What's the weather like in Canada now?

B：そうですね、もうずいぶん寒いです。もうすぐ雪が降りそうです。
Well, it's already very cold. We are expecting snow soon.

A：あ、そうなんですか？ 私は雪が好きですが、この辺ではあまり降りません。
Oh, is it? I love snow, but we don't get much around here.

B：うーん、雪はきれいかも知れませんが、私はここの気候の方が好きです。
Well, snow can be beautiful, but I prefer the climate here.

A：ああ、そう言ってくださって嬉しいです。
Oh, that's very nice of you.

> **Let's Try 2** サンプル解答

春：とても暖かくて穏やかです。
It's very warm and mild.

夏：猛烈に暑いです。／雨が多いです。
It's scorching. ／ It's rainy.

秋：肌寒くなってきました。／空気がとても乾燥しています。
It's getting chilly. ／ The air is very dry.

冬：ものすごく寒いですが、晴れています。
It's freezing, but sunny.

Unit 1 自己紹介とスモールトーク　●29

SCENE 6 スモールトーク3

Is this your first visit to Japan?
日本は初めてですか？

Dialogue 🔊 MP3 1-11

A：それで、日本は初めてですか？
So, is this your first visit to Japan?

B：はい、そうです。
Yes, it is.

A：日本はいかがですか？
How do you like Japan?

B：今のところ、いい感じです。特にここの食べ物が気に入っています。
So far so good. I especially love the food here.

A：それは良かった。日本での滞在を楽しんでくださいね！
I'm happy to hear that. Please enjoy your stay in Japan!

B：ありがとう、そうします。
Thank you, I will.

語句

visit 訪問　How do you like～？ ～はどうですか？
especially 特に　stay 滞在

SCENE 6 スモールトーク 3

ターゲットフレーズ☆これだけは！ 🔊 MP3 1-12

日本は初めてですか？
Is this your first visit to Japan?

日本はいかがですか？
How do you like Japan?

関連フレーズ

大阪は初めてですか？
Is this your first time in Osaka?

いえ、2度目です。
No, it's my second time.

2年ぶりにここに来ました。
It's been two years since I was here.

京都に行かれたことはありますか？
Have you ever been to Kyoto?

それは良かった。
I'm happy to hear that.

➡ I'm glad to hear that. でも良い。

今のところ、いい感じです。
So far so good.

日本での滞在を楽しんでくださいね！
Please enjoy your stay in Japan!

Unit 1 自己紹介とスモールトーク　31

Let's Try 1　日本語を参考に下線部を埋めてみましょう。

A：それで、日本は初めてですか？
So, is _____?

B：はい、そうです。
Yes, ____.

A：日本はいかがですか？
How _____?

B：今のところ、いい感じです。特にここの食べ物が気に入っています。
So _____. I especially love the food here.

A：それは良かった。日本での滞在を楽しんでくださいね！
I'm happy _____. Please _____!

B：ありがとう、そうします。
_____, I ____.

Let's Try 2　日本語部分を英語に変えながら、以下のやりとりをしてみましょう。

A：前に日本に来られたことはありますか？

B：Yes, I come to Japan often on business.

A：日本はいかがですか？

B：I love it！I especially love the culture.

A：それは良かった。大阪に行かれたことはありますか？

SCENE 6 スモールトーク 3

> **Let's Try 1** サンプル解答

A：それで、日本は初めてですか？
　So, is this your first visit to Japan?

B：はい、そうです。
　Yes, it is.

A：日本はいかがですか？
　How do you like Japan?

B：今のところ、いい感じです。特にここの食べ物が気に入っています。
　So far so good. I especially love the food here.

A：それは良かった。日本での滞在を楽しんでくださいね！
　I'm happy to hear that. Please enjoy your stay in Japan!

B：ありがとう、そうします。
　Thank you, I will.

> **Let's Try 2** サンプル解答

A：**Have you been to Japan before?**
B：**Yes, I come to Japan often on business.**
A：**How do you like Japan?**
B：**I love it! I especially love the culture.**
A：**I'm happy to hear that. Have you ever been to Osaka?**

A：前に日本に来られたことはありますか？
B：はい、仕事で日本にはよく来ます。
A：日本はいかがですか？　B：大好きです！ 特に文化が好きですね。
A：それは良かった。大阪に行かれたことはありますか？

Unit 1　自己紹介とスモールトーク　●33

> Toyoko先生とCoffee Break！

英語学習に関するよくある質問

Q1. どんな教材を選べばいい？

A. 自分の今のレベルから1レベル上程度のものを選びましょう。具体的には、「全部はわからないけど、6〜7割程度できるかな」というレベルの教材を使いましょう。難しすぎたり簡単すぎるものより、ちょっと頑張ったら手が届く、というレベルの教材を使うことをお勧めします！

Q2. 忙しくて時間がない…。どうしたらいい？

A. 短い時間でも良いので、集中して学習を継続するのが英語力向上の秘訣です。まとまった時間をとることが難しい人は、手帳や一言日記を英語で書く等、負担にならない程度に英語に触れる時間を持ちましょう。
（一言日記を書くときのポイントは164ページ参照）
洋楽や海外ドラマなど、英語以外の要素で自分が興味のある題材を使い、楽しく英語に触れる時間を持ち続けることも大切です。

Q3. 英語は全くしゃべれません。どこから手を付ければいいの？

A. まずは、簡単な英会話本を使って日常英会話でよく使われる定型フレーズを覚え、すぐに口から出るように何度も音読練習を行いましょう。
シャドウイングやオーバーラッピング、リピートも、英語を口から出すことに慣れるのに効果的です。
（やり方は66ページ、84ページ参照）

Unit 2
会話を円滑にする フレーズ

- SCENE 1　相槌を打つ
- SCENE 2　繰り返しを求める・間を持たせる
- SCENE 3　話をふる・語の説明を求める
- SCENE 4　再度説明する・確認する

Toyoko先生とCoffee Break！
「声に出して」練習する大切さ

SCENE 1 相槌を打つ

I see.
なるほど。

Dialogue 🔊MP3 2-01

A：仕事の調子はどうですか？
How's your work going?

B：うまく行ってますが、ずっと忙しくて。
It's going fine, but I've been really busy.

A：なるほど。
I see.

B：今週末も仕事をしなければいけないと思います。
I think I have to work this weekend, too.

A：あら、それは残念ですね。
Oh, that's too bad.

語句

I've been busy 最近ずっと忙しい　have to ～ ～しなければならない
too bad 残念だ

SCENE 1 相槌を打つ

ターゲットフレーズ☆これだけは！ 🔊 MP3 2-02

なるほど。
I see.

それは残念ですね。
That's too bad.

➡ 他には That's sad.「それは悲しいですね。」That's a pity.「それはかわいそうですね。」That's a shame.「それはくやしいですね。」または「それは残念です。」等がある。良い知らせには That's great! や That's fantastic!「それは素晴らしい！」と言う。

関連フレーズ

そうですか。
Right.

ふむふむ。
Uh-huh.

そうなんですか？
Is that right?

本当ですか？
Really?

それはいいですね。
That sounds nice.

それはおもしろそうですね。
That sounds exciting.

それは楽しそうですね。
That sounds like fun.

Unit 2 会話を円滑にするフレーズ ● 37

Let's Try 1 日本語を参考に下線部を埋めてみましょう。

A：仕事の調子はどうですか？
How's _____ ?

B：うまく行ってますが、ずっと忙しくて。
It's _____, but I've _____.

A：なるほど。
_____.

B：今週末も仕事をしなければいけないと思います。
I think _____, too.

A：あら、それは残念ですね。
Oh, _____.

Let's Try 2 以下の1～3の英文に対して、あなたはどういう相槌を使いますか？ 適切なフレーズを言ってみましょう。

1. I am going to Hawaii next month!

2. Last week, my bicycle got stolen…

3. Let's go for a drink sometime next week!

SCENE 1 相槌を打つ

Let's Try 1 サンプル解答

A：仕事の調子はどうですか？
How's your work going?

B：うまく行ってますが、ずっと忙しくて。
It's going fine, but I've been really busy.

A：なるほど。
I see.

B：今週末も仕事をしなければいけないと思います。
I think I have to work this weekend, too.

A：あら、それは残念ですね。
Oh, that's too bad.

Let's Try 2 サンプル解答

1．・Is that right?
　　・That sounds exciting.
　　・That sounds like fun.

2．・Really?
　　・That's too bad.

3．・That sounds nice.
　　・That sounds like fun.

Unit 2 会話を円滑にするフレーズ ● 39

SCENE 2 繰り返しを求める・間を持たせる

Pardon？ / Well…
え？/ ええっと…

Dialogue 🔊 MP3 2-03

A：プレゼンの準備はできましたか？
Are you ready for your presentation？

B：え？
Pardon？

A：プレゼンの準備はできましたか？ と言ったんです。
I said "are you ready for your presentation"？

B：あぁ、なるほど。ええっと、まだ表を作らないといけないんです。
Oh, I see. Well… I still need to make some charts.

時間までに準備できるかどうか分かりません。
I don't know if I can be ready in time.

A：そうなんですか？ 何か手伝えることがあれば言ってください。
Is that right？ Let me know if I can help you with anything.

語句

in time 時間内に　　let me know if ～ もし～なら私に知らせて

SCENE 2　繰り返しを求める・間を持たせる

ターゲットフレーズ☆これだけは！ 🔊MP3 2-04

え？（何とおっしゃいました？）
Pardon？/ Sorry？

ええっと…
Well… / Um…

関連フレーズ

もう一度おっしゃっていただけますか？
Could you say that again？

もう一度おっしゃっていただけますか？
Could you repeat that？

聞き取れませんでした。
I couldn't hear what you said.

➡ what you said は「あなたが言ったこと」という意味。

もう少しゆっくりお願いできますか？
Could you speak more slowly？

もうちょっと大きな声で言っていただけますか？
Could you speak louder？

質問を言い変えていただけますか？
Could you rephrase your question？

Unit 2　会話を円滑にするフレーズ　●41

Let's Try 1 日本語を参考に下線部を埋めてみましょう。

A：プレゼンの準備はできましたか？
Are _____?

B：え？
_____?

A：プレゼンの準備はできましたか？と言ったんです。
I said "are _____"?

B：あぁ、なるほど。ええっと、まだ表を作らないといけないんです。
Oh, ____. ____… I still _____.

時間までに準備できるかどうか分かりません。
I don't know _____.

A：そうなんですか？何か手伝えることがあれば言ってください。
Is _____? Let me _____.

Let's Try 2 以下の1〜2の状況で、あなたは何と言いますか？
適切なフレーズを言ってみましょう。

1．相手の言ったことが聞き取れなかった。もう一度言って欲しい

2．すぐに言えないので、「ええっと」と間をつなぎたい

SCENE 2 繰り返しを求める・間を持たせる

> **Let's Try 1** サンプル解答

A：プレゼンの準備はできましたか？
Are you ready for your presentation?

B：え？
Pardon?

A：プレゼンの準備はできましたか？ と言ったんです。
I said "are you ready for your presentation"?

B：あぁ、なるほど。ええっと、まだ表を作らないといけないんです。
Oh, I see. Well… I still need to make some charts.

時間までに準備できるかどうか分かりません。
I don't know if I can be ready in time.

A：そうなんですか？ 何か手伝えることがあれば言ってください。
Is that right? Let me know if I can help you with anything.

> **Let's Try 2** サンプル解答

1. ・Pardon?
　・Sorry?
　・Could you say that again?
　・Could you repeat that?

2. ・Well…
　・Um…

Unit 2 会話を円滑にするフレーズ ● 43

SCENE 3 話をふる・語の説明を求める

How about you? / What do you mean by ～?
あなたは？／～とはどういう意味ですか？

Dialogue

🔊 MP3 2-05

A：クリスマス休暇はいかがでしたか？
How were your Christmas holidays?

B：良かったです。北海道の家族に会いに行きました。あなたは？
Good. I visited my family in Hokkaido. How about you?

A：つまらなかったです。
It was boring.

一週間、完全にカウチポテトになっていました。
I was a total couch potato for the whole week.

B："カウチポテト"とはどういう意味ですか？
What do you mean by "couch potato"?

A："カウチポテト"は、ただ座ってテレビを見るだけの怠け者のことです。
"Couch potato" means a lazy person who just sits around watching TV.

語句

boring つまらない　　total 完全な　　lazy 怠けた

SCENE 3 話をふる・語の説明を求める

ターゲットフレーズ☆これだけは！ 🔊MP3 2-06

あなたは？
How about you? / What about you?

"カウチポテト"とはどういう意味ですか？
What do you mean by "couch potato"?

➡ 言葉の意味を聞くときには、what does XX mean? または What do you mean by "XX"? と言う。

関連フレーズ

"カウチポテト"とは何ですか？
What's "couch potato"?

その言葉（の意味）はわからないです。
I don't know that word.

野菜のようなものですか？
Is it like a vegetable?

違う言い方をしていただけますか？
Could you put it another way?

すみませんが、あなたの言ったことがわかりません。
I'm sorry, I don't understand what you said.

Let's Try 1　日本語を参考に下線部を埋めてみましょう。

A：クリスマス休暇はいかがでしたか？
　　How _____?

B：良かったです。北海道の家族に会いに行きました。あなたは？
　　_____. I _____ in Hokkaido. How _____?

A：つまらなかったです。
　　It was _____.

　　一週間、完全にカウチポテトになっていました。
　　I _____ for the whole week.

B："カウチポテト"とはどういう意味ですか？
　　What _____ "couch potato"?

A："カウチポテト"は、ただ座ってテレビを見るだけの怠け者のことです。
　　"Couch potato" _____ a lazy person who just sits around _____.

Let's Try 2　以下の1〜2の状況で、あなたは何と言いますか？
　　　　　　　　適切なフレーズを言ってみましょう。

1．話を相手にふりたい

2．"I'll take a rain check."と言われたが、rain checkの意味がわからない

SCENE 3 話をふる・語の説明を求める

Let's Try 1 サンプル解答

A：クリスマス休暇はいかがでしたか？
How were your Christmas holidays?

B：良かったです。北海道の家族に会いに行きました。あなたは？
Good. I visited my family in Hokkaido. How about you?

A：つまらなかったです。
It was boring.

一週間、完全にカウチポテトになっていました。
I was a total couch potato for the whole week.

B："カウチポテト"とはどういう意味ですか？
What do you mean by "couch potato"?

A："カウチポテト"は、ただ座ってテレビを見るだけの怠け者のことです。
"Couch potato" means a lazy person who just sits around watching TV.

Let's Try 2 サンプル解答

1. ・How about you?
   ・What about you?

2. ・What do you mean by "rain check"?
   ・What's a "rain check"?
   ・What does "rain check" mean?
   ・I'm sorry, I don't understand what you said.

Unit 2 会話を円滑にするフレーズ ● 47

SCENE 4 再度説明する・確認する

I mean ～. / You mean ～?
つまり～です。/ ～という意味ですか?

Dialogue 🔊 MP3 2-07

A：大きなプロジェクトが終わって、今は休暇が必要な気がします。
I just finished a big project, and now I feel like I need a vacation.

B：給料が出る休暇はないのですか?
Don't you have some leave with pay?

A：有給休暇のことですか?
You mean paid holidays?

B：そうです。つまり、有給休暇です。
That's right. I mean paid holidays.

A：あれば良かったのですが、有給休暇は残ってないんです。
I wish I did, but I don't have any paid holidays left.

語句

I feel like～ ～の気分だ　　leave 休暇　　paid holidays 有給休暇

SCENE 4 再度説明する・確認する

ターゲットフレーズ☆これだけは！ 🔊 MP3 2-08

つまり、有給休暇です。
I mean paid holidays.

有給休暇のことですか？
You mean paid holidays?

関連フレーズ

つまり、有給休暇です。
What I mean is paid holidays.

私が言いたかったのはつまり、有給休暇です。
What I meant to say was paid holidays.

説明させてください。
Let me explain.

言いなおさせてください。
Let me rephrase.

私の言いたいことがわかっていただけますか？
Do you know what I mean?

➡ 「わかりましたか？」と聞くとき、Do you understand?と言うと状況によっては横柄に聞こえるので、Did you get it?やDo you know what I mean?などと言う。

有給休暇、という意味ですね？
You mean paid holidays, right?

有給休暇、ですね？
It's paid holidays, right?

Unit 2 会話を円滑にするフレーズ ● 49

Let's Try 1　日本語を参考に下線部を埋めてみましょう。

A：大きなプロジェクトが終わって、今は休暇が必要な気がします。
I just _____, and now I feel _____.

B：給料が出る休暇はないのですか？
Don't _____ some leave with pay?

A：有給休暇のことですか？
_____ paid holidays?

B：そうです。つまり、有給休暇です。
_____ . I _____ paid holidays.

A：あれば良かったのですが、有給休暇は残ってないんです。
I wish I did, but I _____.

Let's Try 2　以下の１〜２の状況で、あなたは何と言いますか？
　　　　　　　適切なフレーズを言ってみましょう。

1. 「苦情」のことを "claim" と言ってしまったので、「それは **complaint** という意味である」と言い直したい

2. 相手の言っていることが「カパ」としか聞こえないので「**car park**（駐車場）のことですか？」と聞きたい

SCENE 4 再度説明する・確認する

> **Let's Try 1**　サンプル解答

A：大きなプロジェクトが終わって、今は休暇が必要な気がします。
　　I just finished a big project, and now I feel like I need a vacation.

B：給料が出る休暇はないのですか？
　　Don't you have some leave with pay?

A：有給休暇のことですか？
　　You mean paid holidays?

B：そうです。つまり、有給休暇です。
　　That's right. I mean paid holidays.

A：あれば良かったのですが、有給休暇は残ってないんです。
　　I wish I did, but I don't have any paid holidays left.

> **Let's Try 2**　サンプル解答

1．・I mean "complaint".
　　・What I mean is "complaint".
　　・What I meant to say was "complaint".

2．・You mean car park?
　　・You mean car park, right?
　　・It's car park, right?

Unit 2 会話を円滑にするフレーズ　●51

Toyoko先生とCoffee Break！

「声に出して」練習する大切さ

　「頭では知っているのに、それがすぐに言えない！」「文字で読めば分かるのに聞き取れない！」「ちゃんと言っているつもりなのに通じない！」といったお悩みは、声に出して練習していないことが原因かも知れません。「声に出して」の練習を学習に取り込めば、スピーキング力のみならずリスニング力の向上にもつながります！

　何よりも、黙読練習だけでは「いざという時に口から英語が出てきにくい」ので、頭で覚えるのではなく、自分の口に覚えてもらいましょう！

　また、黙読練習だけでは音声をからめて練習していないので実際に聞いた時に認識できず、結果として「文字で見れば分かるのに聞き取れない」という状態に陥りやすいですよね。

　さらに、ネイティブの音声に続いて、声に出してリピートやシャドウイングをすることで、単語の発音や英語特有のリズム、イントネーションを自然に身に付けることができます！

　最後に、この発音でいいのかな？　と思ったらすぐ、音の出る辞書サイトや電子辞書で正確な発音を確認し、最低でも2、3回リピートするようにしましょう。小さな声でいいので、やってみましょう。

　声に出して練習するといいことだらけですよ☆

Unit 3

受付の英会話

- SCENE 1 用件をたずねる
- SCENE 2 部屋へ案内する
- SCENE 3 部屋への行き方を教える

Toyoko先生とCoffee Break！
今日からできる！リスニング自己学習法 〜その1〜

SCENE 1 用件をたずねる

> How can I help you?
> ご用件をお伺いしましょうか？

Dialogue 🔊 MP3 3-01

A：こんにちは、ご用件をお伺いしましょうか？
Hello, how can I help you?

B：私はフィリップ・カーディフです。
My name is Phillip Cardiff.

営業部のタナカさんと約束しています。
I have an appointment with Mr. Tanaka in the Sales Department.

A：お約束のお時間は？
What time is your appointment?

B：2:30です。
At 2:30.

A：はい、確認します。内線231でタナカさんに電話してください。
OK, let me check. Please call Mr. Tanaka at extension 231.

語句

appointment 約束、予約　　What time is ～? ～は何時ですか？

SCENE 1 用件をたずねる

ターゲットフレーズ☆これだけは！ 🔊 MP3 3-02

ご用件をお伺いしましょうか？
How can I help you? / May I help you?

お約束のお時間は？
What time is your appointment?

関連フレーズ

営業部のタナカさんと約束しています。
I have an appointment with Mr. (Ms.) Tanaka in the Sales Department.

➡ appointmentは仕事や病院でのアポを意味する。「友達と会う予定がある（約束がある）」という場合はappointmentを使わず、I'm supposed to meet my friend. やI have a plan with my friend. と言う。

あなたのお名前を教えていただけますか？
Can I have your name, please?

私はイーグローブのシマムラトヨコです。
My name is Toyoko Shimamura from Eglobe.

タナカは二人います。彼の下の名前はご存知ですか？
We have two Tanaka's. Do you know his first name?

➡ first nameは名前で、last nameは姓。

彼（彼女）の部署はおわかりになりますか？
Do you know which section he (she) is in?

Unit 3 受付の英会話 ● 55

Let's Try 1 日本語を参考に下線部を埋めてみましょう。

A：こんにちは、ご用件をお伺いしましょうか？
Hello, how _____ ?

B：私はフィリップ・カーディフです。
My name is Phillip Cardiff.

営業部のタナカさんと約束しています。
I _____ .

A：お約束のお時間は？
What _____ ?

B：2:30です。
_____ .

A：はい、確認します。内線231でタナカさんに電話してください。
OK, let _____ . Please _____ extension 231.

Let's Try 2 日本語部分を英語に変えながら、以下のやりとりをしてみましょう。

A：ご用件は？

B：**Yes, I have an appointment with Mr. Suzuki.**

A：お名前を教えていただけますか？

B：**My name is Robert Finn.**

A：ありがとうございます。お約束は何時ですか？

B：**It's at 3 o'clock.**

SCENE 1 用件をたずねる

Let's Try 1 サンプル解答

A：こんにちは、ご用件をお伺いしましょうか？
Hello, how <u>can I help you</u>?

B：私はフィリップ・カーディフです。
My name is Phillip Cardiff.

営業部のタナカさんと約束しています。
I <u>have an appointment with</u> Mr. Tanaka in the Sales Department.

A：お約束のお時間は？
What <u>time is your appointment</u>?

B：2:30です。
<u>At 2:30.</u>

A：はい、確認します。内線231でタナカさんに電話してください。
OK, let <u>me check</u>. Please <u>call Mr. Tanaka at extension</u> 231.

Let's Try 2 サンプル解答

A：**May I help you?**

B：Yes, I have an appointment with Mr. Suzuki.

A：**Can I have your name, please?**

B：My name is Robert Finn.

A：**Thank you. What time is your appointment?**

B：It's at 3 o'clock.

A：ご用件は？　B：はい、スズキさんと約束があります。
A：お名前を教えていただけますか？　B：私はロバート・フィンです。
A：ありがとうございます。お約束は何時ですか？　B：3時です。

Unit 3 受付の英会話　●57

SCENE 2 部屋へ案内する

This way, please.
こちらへどうぞ。

Dialogue　MP3 3-03

A：カーディフさん、こちらへどうぞ。
Mr. Cardiff, this way, please.

ここに座ってしばらくお待ちください。
Please have a seat and wait a moment.

来られたことを伝えてきます。
I'll tell him you are here.

B：ありがとう。
Thank you.

A：お待ちの間にお水か日本茶はいかがですか？
Would you like some water or Japanese tea while you're waiting?

B：お水を。
Water, please.

語句

I'll tell him 〜　〜と彼に伝える
Would you like 〜?　〜はいかがですか？　　while 〜　〜している間に

SCENE 2 部屋へ案内する

ターゲットフレーズ☆これだけは！ MP3 3-04

こちらへどうぞ。
This way, please.

ここに座ってしばらくお待ちください。
Please have a seat and wait a moment.

関連フレーズ

来られたことを彼（彼女）に伝えてきます。
I'll tell him (her) you are here.

タナカはすぐに参ります。
Mr. (Ms.) Tanaka will be here in a moment.

お待ちの間にお水か日本茶はいかがですか？
Would you like some water or Japanese tea while you're waiting?

➡ Would you like〜？は「〜はいかがですか？」と何かをすすめる時の表現。would like to〜は「〜したい」という表現なので混同しないように注意。

何かお飲み物はいかがですか？
Would you like something to drink?

コーヒー、日本茶、お水があります。何がよろしいですか？
We have coffee, Japanese tea, and water. What would you like?

➡ would like は want の意味だが、What do you want? とは言わない。ダイレクト過ぎて失礼になる可能性あり。

Unit 3 受付の英会話 ● 59

Let's Try 1 　日本語を参考に下線部を埋めてみましょう。

A：カーディフさん、こちらへどうぞ。
　　Mr. Cardiff, _____.

　　ここに座ってしばらくお待ちください。
　　Please _____ and _____.

　　来られたことを伝えてきます。
　　I'll _____.

B：ありがとう。
　　_____.

A：お待ちの間にお水か日本茶はいかがですか？
　　Would you _____?

B：お水を。
　　_____.

Let's Try 2 　以下の1～4の順に沿って、英語でお客様を部屋まで案内してください。

1. 「こちらへどうぞ」と言う

2. 座って待ってもらう

3. 飲み物をすすめる

4. 「スズキはすぐに参ります」と伝える

SCENE 2 部屋へ案内する

Let's Try 1 サンプル解答

A：カーディフさん、こちらへどうぞ。
Mr. Cardiff, this way, please.

ここに座ってしばらくお待ちください。
Please have a seat and wait a moment.

来られたことを伝えてきます。
I'll tell him you are here.

B：ありがとう。
Thank you.

A：お待ちの間にお水か日本茶はいかがですか？
Would you like some water or Japanese tea while you're waiting?

B：お水を。
Water, please.

Let's Try 2 サンプル解答

1. This way, please.
2. Please have a seat and wait a moment.
3. Would you like something to drink while you are waiting?
4. Mr. Suzuki will be here in a moment.

SCENE 3 部屋への行き方を教える

Take the elevator to the second floor.
エレベータで2階へお上がりください。

Dialogue 🔊 MP3 3-05

A：すみません、営業部にはどう行けばいいか教えていただけますか？
Excuse me, could you tell me how to get to the Sales Department?

B：ええ。廊下をまっすぐ行ってエレベータで2階へ上がってください。
Sure. Go down the hall and take the elevator to the second floor.

エレベータを降りたら左へ曲がってください。
When you get out of the elevator, turn left.

まっすぐ行くと営業部は左手、コピー室の向かいにあります。
Keep going straight, and it's on your left, across from the copy room.

A：わかりました。どうもありがとう。
OK. Thank you very much.

語句

hall 廊下　turn left (right) 左 (右) に曲がる
keep ～ing ～し続ける　across from ～ ～の向かい

SCENE 3 部屋への行き方を教える

ターゲットフレーズ☆これだけは！ 🔊MP3 3-06

エレベータで2階へ上がってください。
Take the elevator to the second floor.

左手（右手）にあります。
It's on your left (right).

関連フレーズ

営業部にはどう行けばいいか教えていただけますか？
Could you tell me how to get to the Sales Department?

➡ Could you ～? は、Can you ～? や Would you ～? でも良い。場所を聞く時はシンプルに Excuse me, where is ～? でも良い。

廊下をまっすぐ行ってください。
Please go down the hall.

階段で3階へ上がってください。
Please take the stairs to the third floor.

エレベータは廊下の突き当たりにあります。
The elevator is at the end of the hall way.

コピー室の隣にあります。
It's next to the copy room.

コピー室の向かいにあります。
It's across from the copy room.

Unit 3 受付の英会話 ● 63

Let's Try 1 日本語を参考に下線部を埋めてみましょう。

A：すみません、営業部にはどう行けばいいか教えていただけますか？
Excuse me, could you _____?

B：ええ。廊下をまっすぐ行ってエレベータで2階へ上がってください。
Sure. Go _____ and take _____.

エレベータを降りたら左へ曲がってください。
When _____, ____ left.

まっすぐ行くと営業部は左手、コピー室の向かいにあります。
Keep _____, and it's _____, _____ the copy room.

A：わかりました。どうもありがとう。
OK. Thank you very much.

Let's Try 2 以下の1～4を英語で言ってみましょう。

1．階段で2階へ上がってください。

2．廊下をまっすぐ行くと、あなたの左手にあります。

3．お手洗いは廊下の突き当たりにあります。　（手洗い：bathroom）

4．ミーティングルームはエレベータの向かいにあります。

SCENE 3 部屋への行き方を教える

Let's Try 1 サンプル解答

A：すみません、営業部にはどう行けばいいか教えていただけますか？
Excuse me, could you tell me how to get to the Sales Department?

B：ええ。廊下をまっすぐ行ってエレベータで2階へ上がってください。
Sure. Go down the hall and take the elevator to the second floor.

エレベータを降りたら左へ曲がってください。
When you get out of the elevator, turn left.

まっすぐ行くと営業部は左手、コピー室の向かいにあります。
Keep going straight, and it's on your left, across from the copy room.

A：わかりました。どうもありがとう。
OK. Thank you very much.

Let's Try 2 サンプル解答

1．Take the stairs to the second floor.

2．Go down the hall, and it's on your left.

3．The bathroom is at the end of the hall.

4．The meeting room is across from the elevator.

Toyoko先生とCoffee Break！

今日からできる！リスニング自己学習法 〜その1〜

シャドウイング

　スクリプト（原稿）を見ずに音声を流し、聞こえたら、影（shadow）のように2、3単語あとから追いかけて口に出していく、という練習方法です。

【シャドウイングのイメージ】
（音声）Copenhagen is the capital city of Denmark.
（自分）　　　　　　　　　Copenhagen is the capital city of …

☆聞いた音を自分で再現（reproduce）することで、リスニング力やスピーキング力を向上させることができます。基本的には、何も見ないで音だけを聞いて追いかけて言ってみましょう。（または、最初の数回だけ原稿を見て、あとは音だけを聞いてシャドウイングしましょう。）

☆シャドウイングには以下の2つの目的があります。どちらの目的で行っているのかを意識しながらやりましょう。
　1)「内容を理解する」ことを目的とする
　2)「発音、イントネーション、リズムをまねる」ことを目的とする
（両方するのが理想的ですが、時間のない時は1つでもOK！）

☆自分のレベルに合わせた内容及びスピードの音声を使用しましょう。
　また、再生速度が調節できる音声ツールを使うのも良いでしょう。

☆「聞きながら」発話するため、音声より自分の声の方が大きくならないよう、注意しましょう。イヤホンを使うと良いでしょう。

Unit 4

電話の英会話

- SCENE 1 電話をかける・受ける
- SCENE 2 一時的な不在を伝える
- SCENE 3 不在を伝える
- SCENE 4 伝言を預かる

Toyoko先生とCoffee Break！
今日からできる！リスニング自己学習法 〜その2〜

SCENE 1 電話をかける・受ける

Could I speak to 〜 , please?
〜さんはいらっしゃいますか？

Dialogue 🔊MP3 4-01

A：はい、ABC社です。
Hello, ABC Company.

B：もしもし。私はイーグローブのサナダヨウコです。
Hello. My name is Yoko Sanada from Eglobe.

ロジャースさんはいらっしゃいますか？
Could I speak to Mr. Rogers, please?

A：彼がどの部署かおわかりですか？
Do you know which section he is in?

B：はい、マーケティング部です。
Yes, he is in the Marketing Department.

A：少々お待ちください。
One moment, please.

語句

section 部署

SCENE 1 電話をかける・受ける

ターゲットフレーズ☆これだけは！ 🔊MP3 4-02

ロジャースさんはいらっしゃいますか？
Could I speak to Mr.（Ms.）Rogers, please？

➡ 電話で「〜さんはいらっしゃいますか？」という時はMay I speak to 〜？やCan I speak to〜？など様々な表現があるが、まず自分の言いやすい言い方を1つ決めて、そのフレーズが自然に言えるようにしましょう。

少々お待ちください。
One moment, please.

➡ 他にはPlease hold.やHold on, please.などがある。Just a moment, please.でも良い。

関連フレーズ

ABC社、ジョンでございます。
ABC Company, John speaking.

➡ ABC Company, may I help you？でも良い。

内線321番をお願いします。
Extension 321, please.

マーケティング部のロジャースさんでしょうか？
You mean Mr.（Ms.）Rogers in the Marketing Department？

御社名を教えていただけますか？
What company are you from？

日本語を話せる方はいらっしゃいますか？
Do you have someone who speaks Japanese？

Unit 4 電話の英会話 ● 69

Let's Try 1 日本語を参考に下線部を埋めてみましょう。

A：はい、ABC社です。
Hello, ABC Company.

B：もしもし。私はイーグローブのサナダヨウコです。
Hello. My _____ .

ロジャースさんはいらっしゃいますか？
Could _____ ?

A：彼がどの部署かおわかりですか？
Do _____ ?

B：はい、マーケティング部です。
Yes, he _____ .

A：少々お待ちください。
_____ , please.

Let's Try 2 営業部 (the Sales Department) のMr. Brownと電話で話す必要があります。電話に出た人に自分の名前・会社名・話したい相手を伝えてください。

A：**Hello, ABC Company.**

B：**Hello. _____ .**

SCENE 1 電話をかける・受ける

Let's Try 1 サンプル解答

A：はい、ABC社です。
　　Hello, ABC Company.

B：もしもし。私はイーグローブのサナダヨウコです。
　　Hello. My name is Yoko Sanada from Eglobe.

　　ロジャースさんはいらっしゃいますか？
　　Could I speak to Mr. Rogers, please?

A：彼がどの部署かおわかりですか？
　　Do you know which section he is in?

B：はい、マーケティング部です。
　　Yes, he is in the Marketing Department.

A：少々お待ちください。
　　One moment, please.

Let's Try 2 サンプル解答

A：Hello, ABC Company.

B：Hello. My name is Kenji Suzuki from Eglobe.
　　Could I speak to Mr. Brown, please?
　　He is in the Sales Department.

A：はい、ABC社です。

B：もしもし。私はイーグローブのスズキケンジです。
　　ブラウンさんはいらっしゃいますか？
　　彼は営業部です。

Unit 4 電話の英会話　71

SCENE 2 一時的な不在を伝える

He is not in the office right now.
彼は今、社内におりません。

Dialogue 🔊MP3 4-03

A：ヤマダさんはいらっしゃいますか？
Could I speak to Mr. Yamada, please?

B：申し訳ございませんが、彼は今、社内におりません。
I'm sorry, but he is not in the office right now.

3時ごろに戻ります。
He will be back around 3 o'clock.

かけなおさせましょうか？
Should I have him call you back?

A：いえ、結構です。3時くらいにまた電話します。
No, it's OK. I'll call again around 3.

B：わかりました。お電話ありがとうございます。さようなら。
OK. Thank you for calling. Bye.

語句

be in the office 社内にいる
have（人）call you back （人）にかけなおさせる

ターゲットフレーズ☆これだけは！　🔊MP3 4-04

彼（彼女）は今、社内におりません。
He (She) is not in the office right now.

➡ 「外出しています。」と言う時は He (She) is out now. と言う。

彼（彼女）は今、席を外しております。
He (She) is not at his (her) desk right now.

関連フレーズ

彼（彼女）は今、来客中です。
He (She) has a guest at the moment.

彼（彼女）は他の電話に出ています。
His (Her) line is busy.

彼（彼女）は今、会議中です。
He (She) is in a meeting right now.

かけなおす、と言っております。
He (She) says he'll (she'll) call you back.

彼（彼女）は今、昼休みです。
He (She) is on his (her) lunch break right now.

彼（彼女）は3時ごろに戻ります。
He (She) will be back around 3 o'clock.

かけなおさせましょうか？
Should I have him (her) call you back?

➡ Shall I have him (her) call you back? でも良い。

Unit 4 電話の英会話　●73

Let's Try 1　日本語を参考に下線部を埋めてみましょう。

A：ヤマダさんはいらっしゃいますか？
Could _____ ?

B：申し訳ございませんが、彼は今、社内におりません。
I'm sorry, but _____.

3時ごろに戻ります。
He _____.

かけなおさせましょうか？
Should I _____ ?

A：いえ、結構です。3時くらいにまた電話します。
No, it's OK. I'll _____.

B：わかりました。お電話ありがとうございます。さようなら。
OK. Thank you _____. _____.

Let's Try 2　日本語部分を英語に変えながら、以下のやりとりをしてみましょう。

A：**Could I speak to Mr. Suzuki, please？**

B：申し訳ありませんが、彼は今、会議中です。

A：**What time will he finish？**

B：4時ごろに終わります。かけなおさせましょうか？

A：**It's OK. I'll call him again tomorrow.**

SCENE 2 一時的な不在を伝える

> **Let's Try 1**　サンプル解答

A：ヤマダさんはいらっしゃいますか？
　　Could I speak to Mr. Yamada, please?

B：申し訳ございませんが、彼は今、社内におりません。
　　I'm sorry, but he is not in the office right now.

　　3時ごろに戻ります。
　　He will be back around 3 o'clock.

　　かけなおさせましょうか？
　　Should I have him call you back?

A：いえ、結構です。3時くらいにまた電話します。
　　No, it's OK. I'll call again around 3.

B：わかりました。お電話ありがとうございます。さようなら。
　　OK. Thank you for calling. Bye.

> **Let's Try 2**　サンプル解答

A：**Could I speak to Mr. Suzuki, please?**

B：**I'm sorry, but he is in a meeting right now.**

A：**What time will he finish?**

B：**He will finish around 4.**
　　Should I have him call you back?

A：**It's OK. I'll call him again tomorrow.**

A：スズキさんはいらっしゃいますか？　B：申し訳ありませんが、彼は今、会議中です。
A：何時に終わりますか？　B：4時ごろに終わります。かけなおさせましょうか？
A：結構です。また明日、電話します。

Unit 4 電話の英会話　75

SCENE 3 不在を伝える

He is on vacation.
彼は休暇中です。

Dialogue 🔊MP3 4-05

A：サノさんはいらっしゃいますか？
May I speak to Mr. Sano, please?

B：申し訳ございませんが、彼は休暇中です。
I'm sorry, but he is on vacation.

A：そうですか…。いつ戻られますか？
I see…. When will he be back?

B：月曜に戻ります。
He will be back on Monday.

A：わかりました。私から電話があったことを伝えていただけますか？
OK. Could you tell him that I called?

B：わかりました。
Sure.

語句

be on vacation 休暇中である
Could you tell (人) that ～? (人) に～と伝えていただけますか？

76

SCENE 3 不在を伝える

ターゲットフレーズ☆これだけは！　MP3 4-06

彼（彼女）は休暇中です。
He (She) is on vacation.

月曜に戻ります。
He (She) will be back on Monday.

関連フレーズ

彼（彼女）は退社いたしました。
He (She) has left for the day.

➡ He (She) has left the office. でも良い。

彼（彼女）は今、出張に出ております。
He (She) is on a business trip now.

➡ 「今日は出張で不在です。」は He (She) is away on business today.

彼（彼女）は今日、お休みをいただいております。
He (She) is off today.

彼（彼女）は木曜まで不在です。
He (She) is away until Thursday.

私から電話があったことを伝えていただけますか？
Could you tell him (her) that I called?

彼（彼女）の携帯ならつながるかも知れません。携帯番号はご存知ですか？
You might be able to reach him (her) on his (her) cell phone. Do you know his (her) cell number?

Unit 4 電話の英会話　●77

Let's Try 1 日本語を参考に下線部を埋めてみましょう。

A：サノさんはいらっしゃいますか？
May _____?

B：申し訳ございませんが、彼は休暇中です。
I'm _____.

A：そうですか…。いつ戻られますか？
I see…. When _____?

B：月曜に戻ります。
He _____.

A：わかりました。私から電話があったことを伝えていただけますか？
OK. Could _____?

B：わかりました。
_____.

Let's Try 2 タナカさん宛てに電話がかかって来ましたが、彼は不在です。以下の内容を英語で相手に伝えてみましょう。

・彼は出張中

・金曜に戻ってくる（木曜まで不在）

SCENE 3 不在を伝える

> **Let's Try 1** サンプル解答

A：サノさんはいらっしゃいますか？
　　 May I speak to Mr. Sano, please?

B：申し訳ございませんが、彼は休暇中です。
　　 I'm sorry, but he is on vacation.

A：そうですか…。いつ戻られますか？
　　 I see…. When will he be back?

B：月曜に戻ります。
　　 He will be back on Monday.

A：わかりました。私から電話があったことを伝えていただけますか？
　　 OK. Could you tell him that I called?

B：わかりました。
　　 Sure.

> **Let's Try 2** サンプル解答

I'm sorry, but he is on a business trip now.
He will be back on Friday. (He is away until Thursday.)

申し訳ございませんが、彼は今、出張に出ております。
金曜に戻ります。(木曜まで不在です。)

SCENE 4 伝言を預かる

Would you like to leave a message?
伝言を承りましょうか？

Dialogue 🔊 MP3 4-07

A：申し訳ございませんが、タナカは今日はお休みです。
I'm sorry, but Mr. Tanaka is off today.

伝言を承りましょうか？
Would you like to leave a message?

B：はい。明日の午後にお電話くださいと伝えてください。
Yes. Please tell him to call me tomorrow afternoon.

A：わかりました。電話番号を教えていただけますか？
Sure. Could I have your number, please?

B：03-0101-2323です。
It's 03-0101-2323.

A：わかりました。彼に番号を伝えます。さようなら。
OK. I'll give him your number. Bye.

語句

Would you like to〜？ 〜されますか？（したいですか？）
Could I have your 〜, please？ 〜をいただけますか？

SCENE 4 伝言を預かる

ターゲットフレーズ☆これだけは！ 🔊MP3 4-08

伝言を承りましょうか？
Would you like to leave a message?

電話番号を教えていただけますか？
Could I have your number, please?

関連フレーズ

もう一度お名前を教えていただけますか？
Could I have your name again, please?

➡ May I have your name again? でも良い。

ラストネームのスペルを教えていただけますか？
Could you spell your last name, please?

➡ first nameは名前で、last nameは姓。

ShipのSですね？
S as in Ship?

復唱させてください。
Let me repeat that.

彼（彼女）に伝えておきます。
I'll give him (her) your message.

お電話があったことを彼（彼女）に伝えておきます。
I'll let him (her) know you called.

Unit 4 電話の英会話　81

Let's Try 1　日本語を参考に下線部を埋めてみましょう。

A：申し訳ございませんが、タナカは今日はお休みです。
I'm sorry, but Mr. Tanaka _____.

伝言を承りましょうか？
Would _____?

B：はい。明日の午後にお電話くださいと伝えてください。
Yes. Please _____.

A：わかりました。電話番号を教えていただけますか？
Sure. Could _____?

B：03-0101-2323です。
It's 03-0101-2323.

A：わかりました。彼に番号を伝えます。さようなら。
OK. I'll _____. _____.

Let's Try 2　伝言を預かります。1〜5のフレーズを順番に英語で言ってみましょう。スムーズに話せるようになるまで練習しましょう。

1．彼にかけなおさせましょうか、それとも伝言を承りましょうか？

2．お名前をもう一度お願いします。

3．ラストネームのスペルを教えていただけますか？

4．お電話番号をお願いします。

5．彼に（あなたの伝言を）お伝えしておきます。

SCENE 4 伝言を預かる

> **Let's Try 1** サンプル解答

A：申し訳ございませんが、タナカは今日はお休みです。
I'm sorry, but Mr. Tanaka is off today.

伝言を承りましょうか？
Would you like to leave a message?

B：はい。明日の午後にお電話くださいと伝えてください。
Yes. Please tell him to call me tomorrow afternoon.

A：わかりました。電話番号を教えていただけますか？
Sure. Could I have your number, please?

B：03-0101-2323です。
It's 03-0101-2323.

A：わかりました。彼に番号を伝えます。さようなら。
OK. I'll give him your number. Bye.

> **Let's Try 2** サンプル解答

1．Should I have him call you back or would you like to leave a message?

2．Could I have your name again, please?

3．Could you spell your last name, please?

4．Could I have your number, please?

5．I'll give him your message.

Unit 4 電話の英会話 ● 83

Toyoko先生とCoffee Break！

今日からできる！リスニング自己学習法 〜その2〜

オーバーラッピング

　スクリプト（原稿）を見ながら、音声に合わせて発話します。
　ネイティブスピーカーの自然なスピードやイントネーションに慣れることができます。

【オーバーラッピングのイメージ】

（音声）People get jetlag when they travel across time zones.
（自分）People get jetlag when they travel across time zones.

リピート

　音声を1センテンスごとに止めて、聞こえたとおりにリピート（繰り返し）します。
　最初はスクリプトを見ながら音声を真似ても良いでしょう。何度かやって慣れて来れば、スクリプトを見ないでチャレンジしてみましょう。
　1センテンスが長い場合は、途中で切ってもかまいません。集中力を養い、単語やフレーズをキャッチする能力を高めます。

【リピートのイメージ】

（音声）People get jetlag when they travel across time zones.

〈音声が完全に止まってから〉

（自分）People get jetlag when they travel across time zones.

Unit 5

出張時の英会話

- SCENE 1　ホテルの予約をする
- SCENE 2　空港へ迎えに来てもらう
- SCENE 3　初対面の人と空港で会う
- SCENE 4　買い物する場所を確認する

Toyoko先生とCoffee Break！
今日からできる！リスニング自己学習法 〜その3〜

SCENE 1 ホテルの予約をする

I'd like to reserve a single room.
シングルの部屋を予約したいのですが。

Dialogue 🔊 MP3 5-01

A：こんにちは。リバーサイドホテルです。どのようなご用件でしょうか？
Good afternoon. Riverside Hotel. How can I help you?

B：11月15日から17日まで、シングルルームを一部屋予約したいのですが。
I'd like to reserve a single room from November 15th to 17th.

A：わかりました。お部屋が空いているかどうか確認いたします。
OK. Let me see if we have a room available.

申し訳ございませんが、シングルルームは満室です。
I'm sorry, but single rooms are fully booked.

ダブルルームはいかがですか？1晩120ドルです。
How about a double room? It's 120 dollars per night.

B：わかりました。ダブルルームにします。
Alright. I will take a double room.

語句

reserve 予約する　from (日付) to (日付) (日付) から (日付) まで
available 空きがある、入手可能である
fully booked 予約でいっぱいである

SCENE 1　ホテルの予約をする

ターゲットフレーズ☆これだけは！　🔊MP3 5-02

11月15日から17日まで、シングルルームを一部屋予約したいのですが。
I'd like to reserve a single room from November 15th to 17th.

ダブルルームにします。
I will take a double room.

関連フレーズ

11月15日から17日までで部屋は空いていますか？
Do you have a room available from November 15th to 17th?

禁煙の部屋をお願いします。
I would like a non-smoking room.

➡ would like は want「欲しい」の意味。依頼や注文をする際には want より would like を使う方が良い。「ビールをください。」は I would like a beer. would like to〜と to がついている時は「〜したい」という意味で to の後に動詞の原形を置く。I would like to go to Hawaii.「ハワイに行きたい。」

ダブルルームは一晩おいくらですか？
How much is a double room per night?

朝食は値段に含まれていますか？
Is breakfast included in the price?

他の場所をあたってみます。ありがとう。
I think I will try somewhere else. Thank you.

ちょっと検討してからまたかけます。
Let me think about it, and I will call you back.

Unit 5　出張時の英会話　●87

Let's Try 1 日本語を参考に下線部を埋めてみましょう。

A：こんにちは。リバーサイドホテルです。どのようなご用件でしょうか？
Good afternoon. Riverside Hotel. How _____ ?

B：11月15日から17日まで、シングルルームを一部屋予約したいのですが。
I'd like to _____ .

A：わかりました。お部屋が空いているかどうか確認いたします。
OK. Let me see if we have _____ .

申し訳ございませんが、シングルルームは満室です。
I'm sorry, but single rooms are _____ .

ダブルルームはいかがですか？1晩120ドルです。
How about a double room？It's 120 dollars _____ .

B：わかりました。ダブルルームにします。
Alright. I will _____ .

Let's Try 2 以下の内容を、フロント係に英語で伝えてみましょう。

1．3月10日から13日までダブルルームを禁煙室で予約したい

2．ツインルームの一泊の料金を聞きたい

3．検討して、改めて連絡したい

SCENE 1 ホテルの予約をする

Let's Try 1 サンプル解答

A：こんにちは。リバーサイドホテルです。どのようなご用件でしょうか？
　Good afternoon. Riverside Hotel. How can I help you?

B：11月15日から17日まで、シングルルームを一部屋予約したいのですが。
　I'd like to reserve a single room from November 15th to 17th.

A：わかりました。お部屋が空いているかどうか確認いたします。
　OK. Let me see if we have a room available.

　申し訳ございませんが、シングルルームは満室です。
　I'm sorry, but single rooms are fully booked.

　ダブルルームはいかがですか？ 1晩120ドルです。
　How about a double room? It's 120 dollars per night.

B：わかりました。ダブルルームにします。
　Alright. I will take a double room.

Let's Try 2 サンプル解答

1. I'd like to reserve a double room from March 10th to 13th. I'd like a non-smoking room.

2. How much is a twin room per night?

3. Let me think about it, and I will call you back.

Unit 5 出張時の英会話　89

SCENE 2 空港へ迎えに来てもらう

Can you meet me at the airport?
空港へ迎えに来てもらえますか？

Dialogue　　🔊 MP3 5-03

A：どうも、スティーブ。私のシカゴへの出張について電話したのですが。
Hi, Steve. I'm calling about my business trip to Chicago.

B：どうも、ケイコ。いつ到着しますか？
Hi, Keiko. When do you arrive?

A：7月15日の午後4時に到着します。
I arrive on July 15th, at 4 pm.

空港へ迎えに来てもらえますか？
Can you meet me at the airport?

B：いいですよ。到着ゲートで待っています。
Sure. I'll be at the arrival gate.

フライトの詳細をメールしてもらえますか？
Can you email me the flight details?

語句

arrive 到着する　　meet 出迎える　　arrival gate 到着ゲート
email（人）〜 〜を（人）にメールする　　flight フライト　　details 詳細

SCENE 2 空港へ迎えに来てもらう

ターゲットフレーズ☆これだけは！ MP3 5-04

空港へ迎えに来てもらえますか？
Can you meet me at the airport?

7月15日の午後4時に到着します。
I arrive on July 15th, at 4 pm.

➡ 日付の前はonという前置詞をつける。時間の前にはatで場所の前にはatやinをつける。I arrived at Haneda Airport.「羽田空港に到着しました。」

関連フレーズ

空港へ迎えに来てもらえますか？
Can you get me at the airport?

➡ Can you pick me up at the airport? でも良い。

私のフライトナンバーはAS052です。
My flight number is AS052.

私のフライトの詳細をメールします。
I'll email you my flight details.

➡ emailは「Eメールをする」という動詞としても使える。

私のフライトスケジュールを送ります。
I'll send you my flight schedule.

バスはどこで乗れますか？
Where can I take the bus?

助けてくれてありがとう。
Thank you for your help.

Unit 5 出張時の英会話

Let's Try 1　日本語を参考に下線部を埋めてみましょう。

A：どうも、スティーブ。私のシカゴへの出張について電話したのですが。
Hi, Steve. I'm calling about _____.

B：どうも、ケイコ。いつ到着しますか？
Hi, Keiko. When _____?

A：7月15日の午後4時に到着します。
I arrive on _____.

空港へ迎えに来てもらえますか？
Can _____?

B：いいですよ。到着ゲートで待っています。
Sure. I'll _____.

フライトの詳細をメールしてもらえますか？
Can _____?

Let's Try 2　以下の [Schedule] を見て、スティーブに空港へ迎えに来てほしいと電話で伝えてみましょう。

[Schedule]
Date: Tuesday, November 18th
Time: 11:45 am
Arrive at: London Heathrow Airport

SCENE 2 空港へ迎えに来てもらう

Let's Try 1　サンプル解答

A：どうも、スティーブ。私のシカゴへの出張について電話したのですが。
Hi, Steve. I'm calling about my business trip to Chicago.

B：どうも、ケイコ。いつ到着しますか？
Hi, Keiko. When do you arrive?

A：7月15日の午後4時に到着します。
I arrive on July 15th, at 4 pm.

空港へ迎えに来てもらえますか？
Can you meet me at the airport?

B：いいですよ。到着ゲートで待っています。
Sure. I'll be at the arrival gate.

フライトの詳細をメールしてもらえますか？
Can you email me the flight details?

Let's Try 2　サンプル解答

Hello, Steve. I'm calling about my business trip to London. I arrive at London Heathrow Airport at 11:45 am on November 18th.
Can you meet me at the airport?

もしもし、スティーブ。ロンドンの出張の件で電話しました。
11月18日の午前11：45にロンドン・ヒースロー空港に着きます。
空港まで迎えに来てもらえますか？

Unit 5 出張時の英会話　93

SCENE 3 初対面の人と空港で会う

Excuse me, are you ～？
すみません、～さんですか？

Dialogue 　🔊MP3 5-05

A：すみません、ジョンソンさんですか？
Excuse me, are you Mr. Johnson?

B：はい、そうです。ということは、イシダさんですね。はじめまして。
Yes, I am. So you must be Ms. Ishida. Nice to meet you.

A：はじめまして。
Nice to meet you too.

空港へ迎えに来ていただきありがとうございます。
Thank you for coming to meet me at the airport.

B：どういたしまして。荷物を1つお持ちしましょう。
No problem. Let me carry one of your bags.

外で車を待たせてあります。
We have a car waiting outside.

語句

let me～ ～させてください　　carry 運ぶ
have (目的語) ～ing (目的語)を～させている　　outside 外で

ターゲットフレーズ☆これだけは！

🔊 MP3 5-06

すみません、ジョンソンさんですか？
Excuse me, are you Mr. Johnson?

荷物を１つお持ちしましょう。
Let me carry one of your bags.

関連フレーズ

すみません、ジョンソンさんですか？
Excuse me, Mr. (Ms.) Johnson?

イシダさんですね。
You must be Ms. (Mr.) Ishida.

➡ must beは「〜に違いない」という意味。

いえ、人違いですよ。
No, you have the wrong person.

➡ wrongは「間違った〜」という意味。「電話番号をお間違えです。」と言う時はYou have the wrong number.と言う。

すみません、間違えました。
I'm sorry, my mistake.

これを持っていただけますか？
Could you take this one?

私のフライトが（予定より）遅くなりました。
My flight was delayed.

私のフライトが（予定より）早く到着しました。
My flight arrived early.

Let's Try 1　日本語を参考に下線部を埋めてみましょう。

A：すみません、ジョンソンさんですか？
　　_____, _____ Mr. Johnson?

B：はい、そうです。ということは、イシダさんですね。はじめまして。
　　Yes, I am. So _____ Ms. Ishida. Nice _____.

A：はじめまして。
　　Nice _____.

　　空港へ迎えに来ていただきありがとうございます。
　　Thank you for _____.

B：どういたしまして。荷物を1つお持ちしましょう。
　　No problem. Let me _____.

　　外で車を待たせてあります。
　　We have _____.

Let's Try 2　日本語を参考に、以下のやりとりを英語でしてみましょう。

A：すみません、ドーソンさんですか？

B：**Yes. Mr.（Ms.）** _____? **Nice to meet you. How was your flight?**

A：（自由に答える）

SCENE 3 初対面の人と空港で会う

> **Let's Try 1** サンプル解答

A：すみません、ジョンソンさんですか？
Excuse me, are you Mr. Johnson?

B：はい、そうです。ということは、イシダさんですね。はじめまして。
Yes, I am. So you must be Ms. Ishida. Nice to meet you.

A：はじめまして。
Nice to meet you too.

空港へ迎えに来ていただきありがとうございます。
Thank you for coming to meet me at the airport.

B：どういたしまして。荷物を1つお持ちしましょう。
No problem. Let me carry one of your bags.

外で車を待たせてあります。
We have a car waiting outside.

> **Let's Try 2** サンプル解答

A：**Excuse me, are you Mr.（Ms.）Dowson?**

B：Yes. Mr.（Ms.）_____? Nice to meet you. How was your flight?

A：**It was good. Thank you for coming to meet me at the airport.**

A：すみません、ドーソンさんですか？
B：そうです。_____さんですね？　はじめまして。フライトはいかがでしたか？
A：良かったです。空港まで迎えに来てくださってありがとうございます。

Unit 5 出張時の英会話　● 97

SCENE 4　買い物する場所を確認する

> **Where can I ～?**
> どこで～できますか？

Dialogue　🔊 MP3 5-07

A：この近辺ではどこで買い物ができますか？
Where can I go shopping around here?

B：ダウンタウンにショッピングモールがありますよ。
There is a shopping mall downtown.

あなたのホテルから歩いてたったの5分です。
It's only 5 minutes' walk from your hotel.

A：良かった。おみやげを売っているお店はありますか？
Great. Is there a store that sells souvenirs?

B：2階にギフトショップがあると思います。
I think there is a gift shop on the second floor.

A：ああ、それはいいですね。
Oh, that's nice.

語句

go shopping 買い物に行く　around here この近辺
X minutes' walk from～ ～から歩いてX分　souvenir おみやげ

SCENE 4 買い物する場所を確認する

ターゲットフレーズ☆これだけは！ MP3 5-08

この近辺ではどこで買い物ができますか？
Where can I go shopping around here?

➡ go shopping で「買い物に行く」

おみやげを売っているお店はありますか？
Is there a store that sells souvenirs?

関連フレーズ

おみやげはどこで買えますか？
Where can I buy some souvenirs?

➡「どこで〜が買えますか？」と言いたい時は、Where can I buy 〜?と言う。

そのお店は何時に開店しますか？
What time does the store open?

そのお店は何時に閉店しますか？
What time does the store close?

家族には何を買ったらいいでしょう？
What should I get for my family?

私の上司に葉巻を買いたいのですが。
I'd like to buy some cigars for my boss.

何かおすすめはありますか？
Do you have any recommendations?

➡ What would you recommend?「あなたは何をすすめますか？」でも良い。

Unit 5 出張時の英会話 ● 99

Let's Try 1 日本語を参考に下線部を埋めてみましょう。

A：この近辺ではどこで買い物ができますか？
Where _____?

B：ダウンタウンにショッピングモールがありますよ。
There is _____.

あなたのホテルから歩いてたったの5分です。
It's only _____.

A：良かった。おみやげを売っているお店はありますか？
Great. Is _____?

B：2階にギフトショップがあると思います。
I think _____ **on the second floor.**

A：ああ、それはいいですね。
Oh, _____.

Let's Try 2 以下のものがどこで買えるかを、英語でどのように質問しますか？

1. 日本の新聞（**Japanese newspaper**）

2. 民族衣装（**traditional costumes**）

3. ワイン（**wine**）

SCENE 4 買い物する場所を確認する

Let's Try 1 サンプル解答

A：この近辺ではどこで買い物ができますか？
Where can I go shopping around here?

B：ダウンタウンにショッピングモールがありますよ。
There is a shopping mall downtown.

あなたのホテルから歩いてたったの5分です。
It's only 5 minutes' walk from your hotel.

A：良かった。おみやげを売っているお店はありますか？
Great. Is there a store that sells souvenirs?

B：2階にギフトショップがあると思います。
I think there is a gift shop on the second floor.

A：ああ、それはいいですね。
Oh, that's nice.

Let's Try 2 サンプル解答

1. ・Where can I buy Japanese newspaper around here?
   ・Is there a store that sells Japanese newspaper around here?

2. ・Where can I buy traditional costumes around here?
   ・Is there a store that sells traditional costumes around here?

3. ・Where can I buy some wine around here?
   ・Is there a liquor store* around here?

*liquor store = 酒屋

Unit 5 出張時の英会話 ● 101

Toyoko先生とCoffee Break！

今日からできる！リスニング自己学習法 〜その3〜

スラッシュリーディング
　意味のまとまりごとで文章を切り、返り読みをせずに文章の頭から順に理解していく方法です。左から右に目を動かしながら情報を足していくので、完全な日本語に訳す必要はありません。
　英語を英語の語順で理解するクセづけに効果的で、リスニング力の向上が期待できます。

【例】
I'm the Marketing Manager / at ABC Company / in Berlin.
I saw your website / and I'm interested in your products.
Do you have any distributors / in Germany?

【理解の仕方】
私はマーケティングマネージャーだ / ABC社の / ベルリンにある。
私は見た　御社のウェブサイトを / 興味がある　御社の製品に。
持っているか　販売店を / ドイツで。

☆スラッシュの間隔は、自分の理解力にあわせて調節しましょう。
　意味がつかめない時は、スラッシュの間隔を小さくしましょう。

☆この方法で速読練習をしましょう。目標は、1分間で150ワード〜200ワード（ネイティブスピーカーのナチュラルスピード）です。

☆かなり慣れて来たらスラッシュを書かずに読んでみましょう。

Unit 6

お客様をもてなす

- SCENE 1 手助けを申し出る
- SCENE 2 観光場所をアドバイスする
- SCENE 3 食べ物の好みをたずねる
- SCENE 4 食事に誘う
- SCENE 5 レストランでの会話 1
- SCENE 6 レストランでの会話 2

Toyoko先生とCoffee Break！
今日からできる！スピーキング自己学習法 〜その1〜

SCENE 1　手助けを申し出る

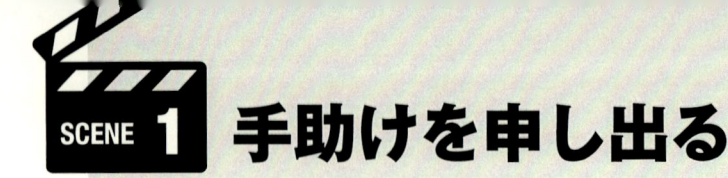

If you like, I can ～ for you.
良かったら、～しましょうか。

Dialogue　🔊 MP3 6-01

A：ケビン、日本にはどれくらい滞在するのですか？
Kevin, how long are you going to stay in Japan?

B：来週の金曜日までです。
I'm staying till next Friday.

A：関空から出発されますか？
Are you leaving from Kansai Airport?

良かったら、ホテルから空港までのタクシーを手配しますよ。
If you like, I can arrange a taxi from your hotel to the airport for you.

B：助かります！ ありがとう。
That would be great! Thank you.

語句

till～　～まで　　if you like　もし（あなたが）良ければ
arrange　手配する　　for you　あなたの代わりに、あなたのために

SCENE 1 手助けを申し出る

ターゲットフレーズ☆これだけは！ 🔊MP3 6-02

良かったら、ホテルから空港までのタクシーを手配しますよ。
If you like, I can arrange a taxi from your hotel to the airport for you.

➡ if you like「よろしかったら」という意味。さしでがましさを避けたい時に使う表現。

日本にはどれくらい滞在するのですか？
How long are you going to stay in Japan?

➡「日本に来てどれくらいですか？」と言いたい時は、How long have you been in Japan? と言う。

関連フレーズ

滞在中のご予定は？
What are your plans during your stay?

日本で何かしたいことはありますか？
Is there anything you'd like to do in Japan?

行ってみたい場所はありますか？
Is there a place you'd like to visit?

予約はされましたか？
Have you made a reservation?

お手伝いしましょうか？
Do you need assistance?

何かお手伝いできることがあればお知らせください。
Let me know if I can help you with anything.

Unit 6 お客様をもてなす

Let's Try 1 日本語を参考に下線部を埋めてみましょう。

A：ケビン、日本にはどれくらい滞在するのですか？
Kevin, how _____?

B：来週の金曜日までです。
I'm staying _____.

A：関空から出発されますか？
Are you _____?

良かったら、ホテルから空港までのタクシーを手配しますよ。
If _____, I can _____.

B：助かります！ ありがとう。
That would be great! Thank you.

Let's Try 2 (　　) の語句を参考に、以下の内容を英語で言ってみましょう。

1. 良かったら、レストランの予約をしておきますよ。
 (make a reservation, at the restaurant)

2. 良かったら、観光ツアーの手配をしますよ。
 (arrange, sightseeing tour)

3. 良かったら、航空会社に電話をして聞いてみますよ。
 (call the airline, ask)

SCENE 1 手助けを申し出る

Let's Try 1 サンプル解答

A：ケビン、日本にはどれくらい滞在するのですか？
Kevin, how long are you going to stay in Japan?

B：来週の金曜日までです。
I'm staying till next Friday.

A：関空から出発されますか？
Are you leaving from Kansai Airport?

良かったら、ホテルから空港までのタクシーを手配しますよ。
If you like, I can arrange a taxi from the hotel to the airport for you.

B：助かります！ ありがとう。
That would be great! Thank you.

Let's Try 2 サンプル解答

1. If you like, I can make a reservation at the restaurant for you.

2. If you like, I can arrange a sightseeing tour for you.

3. If you like, I can call the airline and ask for you.

Unit 6 お客様をもてなす

SCENE 2 観光場所をアドバイスする

How about ～？ It's a very popular spot.
～はどうですか？ とても人気のスポットですよ。

Dialogue 　🔊 MP3 6-03

A：行ってみたい場所はありますか？
Is there a place you'd like to visit?

B：よくわかりません…でも滞在中に日帰り旅行へ行きたいです。
I'm not sure...but I'd like to take a daytrip during my stay.

どこに行ったらいいと思いますか？
Where do you think I should go?

A：清水寺はどうですか？ とても人気のスポットですよ。
How about Kiyomizudera? It's a very popular spot.

そのお寺からの景色はすばらしいですよ。
The view from the temple is amazing.

周りにも歴史的な場所がたくさんあります。
There are many historical places around there, too.

B：ありがとう。行ってみます。
Thank you. I'll try there.

語句

take a daytrip 日帰り旅行へ行く　during my stay 滞在中に
popular 人気がある　view 景色　historical 歴史的な

SCENE 2 観光場所をアドバイスする

ターゲットフレーズ☆これだけは！　🔊MP3 6-04

清水寺はどうですか？
How about Kiyomizudera?

➡ How about ～? は「～はどうですか？」と感想を聞いたり、何かを提案する時に使う表現。What about ～? でも良い。What about Kiyomizudera?

とても人気のスポットですよ。
It's a very popular spot.

関連フレーズ

清水寺へ行った方がいいと思いますよ。
I think you should go to Kiyomizudera.

バス（電車）で1時間しかかかりません。
It only takes an hour by bus (train).

行かれたことはありますか？
Have you ever been there?

➡ 言いにくい場合は、Have you been there? でも良い。

神社仏閣に興味はおありですか？
Are you interested in shrines and temples?

もしハイキングがお好きなら、きっと楽しめると思います。
If you like hiking, I'm sure you'll enjoy it.

英語を話すガイドがいると思います。
I think there is an English speaking guide.

Unit 6 お客様をもてなす ● 109

Let's Try 1 日本語を参考に下線部を埋めてみましょう。

A：行ってみたい場所はありますか？
Is there _____ ?

B：よくわかりません…でも滞在中に日帰り旅行へ行きたいです。
I'm not sure...but I'd like to _____.

どこに行ったらいいと思いますか？
Where _____ ?

A：清水寺はどうですか？ とても人気のスポットですよ。
_____ Kiyomizudera? It's a _____.

そのお寺からの景色はすばらしいですよ。
The view _____ .

周りにも歴史的な場所がたくさんあります。
There are _____ , too.

B：ありがとう。行ってみます。
_____ . I'll _____ .

Let's Try 2 あなたの会社の近くのホテルに滞在している外国人のお客様から、以下の質問をされました。おすすめの観光地を教えてあげてください。おすすめの理由やアクセス方法、時間等も伝えてあげてください。

Q：**I'd like to take a daytrip during my stay. Where do you think I should go?**

滞在中に日帰り旅行へ行きたいです。
どこに行けばいいと思いますか？

110

SCENE 2 観光場所をアドバイスする

Let's Try 1 サンプル解答

A：行ってみたい場所はありますか？
Is there a place you'd like to visit?

B：よくわかりません…でも滞在中に日帰り旅行へ行きたいです。
I'm not sure...but I'd like to take a daytrip during my stay.

どこに行ったらいいと思いますか？
Where do you think I should go?

A：清水寺はどうですか？ とても人気のスポットですよ。
How about Kiyomizudera? It's a very popular spot.

そのお寺からの景色はすばらしいですよ。
The view from the temple is amazing.

周りにも歴史的な場所がたくさんあります。
There are many historical places around there, too.

B：ありがとう。行ってみます。
Thank you. I'll try there.

Let's Try 2 サンプル解答

How about Nara? It's a very popular spot.
There are many old temples and shrines.
You can go to "Todaiji" and see the big Buddha.
It's only about one hour from Osaka station and there are many souvenir stores there, too.

奈良はどうですか？ とても人気のスポットですよ。
古いお寺や神社が多くあります。
"東大寺"で大仏を見てもいいですね。
大阪駅から1時間くらいで、おみやげ屋さんもたくさんありますよ。

Unit 6 お客様をもてなす 111

SCENE 3 食べ物の好みをたずねる

Do you have any allergies?
何かアレルギーはありますか？

Dialogue 🔊 MP3 6-05

A：日本にいる間に食べたいものは何かありますか？
Is there anything you'd like to eat while you are in Japan?

B：わかりません。おすすめは？
I don't know. What do you recommend?

A：うーん…アレルギーはありますか？
Um…do you have any allergies?

B：はい。実は牛乳アレルギーなんです。
Yes. Actually, I'm allergic to milk.

A：焼肉を試してみますか？ 日本式のバーベキューです。
Would you like to try Yakiniku? It's Japanese style BBQ.

語句

recommend すすめる　allergy アレルギー
be allergic to 〜 〜アレルギーである　try 試す、挑戦する
Japanese style 〜 日本式の〜

SCENE 3　食べ物の好みをたずねる

ターゲットフレーズ☆これだけは！　🔊MP3 6-06

アレルギーはありますか？
Do you have any allergies?

牛乳アレルギーです。
I'm allergic to milk.

➡ be allergic to ～で「～に対してアレルギーがある」という意味。

関連フレーズ

日本にいる間に食べたいものは何かありますか？
Is there anything you'd like to eat while you are in Japan?

焼肉は食べたことはありますか？
Have you ever tried Yakiniku?

お寿司屋さんに行くのもいいかも知れませんね。
Maybe we can go to a Sushi restaurant.

生の魚は大丈夫ですか？
Are you OK with raw fish?

➡ Are you OK with ～? は「～は大丈夫ですか？」という表現。

すごくおいしいお寿司屋さんを知っています。
I know a great Sushi restaurant.

すみませんが、生の魚は食べられません。
I'm sorry, but I can't eat raw fish.

お肉とシーフード、どちらがお好きですか？
Which do you like better?　Meat or seafood?

Unit 6　お客様をもてなす　● 113

Let's Try 1 日本語を参考に下線部を埋めてみましょう。

A：日本にいる間に食べたいものは何かありますか？
  Is there _____ ?

B：わかりません。おすすめは？
  I don't know. What _____ ?

A：うーん…アレルギーはありますか？
  Um…do _____ ?

B：はい。実は牛乳アレルギーなんです。
  Yes. Actually, I'm _____ .

A：焼肉を試してみますか？ 日本式のバーベキューです。
  Would _____ ? It's _____ .

Let's Try 2 日本語部分を英語に変えながら、以下のやりとりをしてみましょう。

A：アレルギーはありますか？

B：**Yes. I'm allergic to eggs.**

A：生の魚は大丈夫ですか？ お寿司を食べてみますか？

B：**Sure. I'd love to try some Sushi!**

SCENE 3　食べ物の好みをたずねる

> Let's Try 1　サンプル解答

A：日本にいる間に食べたいものは何かありますか？
Is there anything you'd like to eat while you are in Japan?

B：わかりません。おすすめは？
I don't know. What do you recommend?

A：うーん…アレルギーはありますか？
Um…do you have any allergies?

B：はい。実は牛乳アレルギーなんです。
Yes. Actually, I'm allergic to milk.

A：焼肉を試してみますか？ 日本式のバーベキューです。
Would you like to try Yakiniku? It's Japanese style BBQ.

> Let's Try 2　サンプル解答

A：**Do you have any allergies?**

B：**Yes. I'm allergic to eggs.**

A：**Are you OK with raw fish? Would you like to try Sushi?**

B：**Sure. I'd love to try some Sushi!**

A：アレルギーはありますか？　B：はい。卵アレルギーです。
A：生の魚は大丈夫ですか？ お寿司を食べてみますか？
B：はい。ぜひお寿司を食べてみたいです！

Unit 6　お客様をもてなす　●115

SCENE 4 食事に誘う

Shall we go out for dinner?
夕食に行きませんか？

Dialogue 🔊 MP3 6-07

A：明日のご予定は？ 夕食に行きませんか？
What are you doing tomorrow? Shall we go out for dinner?

B：いいですね。どこで待ち合わせましょうか？
That sounds nice. Where shall we meet?

A：ABCビルの前はどうですか？
How about in front of the ABC building?

B：わかりました。何時がいいですか？
OK. What time would be good for you?

A：6:30はどうですか？
What about 6:30?

語句

shall we ～? ～しませんか？　　go out for dinner 夕食に出かける

SCENE 4 食事に誘う

ターゲットフレーズ☆これだけは！　MP3 6-08

夕食に行きませんか？
Shall we go out for dinner?

何時がいいですか？
What time would be good for you?

➡ would は will でも良い。What time would be good 〜? の場合は「いつが良さそうですか？」と推測の意味を含んでいる。

関連フレーズ

明日、お時間はありますか？
Are you free tomorrow?

コーヒーでも飲みに行きましょう。
Let's go for some coffee.

明日は予定があります。土曜日はどうですか？
I have plans tomorrow. How about Saturday?

どこで待ち合わせましょうか？
Where shall we meet?

ABCビルの前はどうですか？
How about (What about) in front of the ABC building?

ABCビルの前で6:30に待ち合わせましょう。
Let's meet in front of the ABC building at 6:30.

どこにあるかわかりますか？
Do you know where it is?

Unit 6 お客様をもてなす　117

Let's Try 1　日本語を参考に下線部を埋めてみましょう。

A：明日のご予定は？　夕食に行きませんか？
　　What _____? Shall we _____?

B：いいですね。どこで待ち合わせましょうか？
　　That _____. Where _____?

A：ABCビルの前はどうですか？
　　How _____?

B：わかりました。何時がいいですか？
　　OK. What time _____?

A：6:30はどうですか？
　　_____ 6:30?

Let's Try 2　日本語部分を英語に変えながら、以下のやりとりをしてみましょう。

A：明日お時間はありますか？　夕食を食べに行きませんか？

B：**Sure. That sounds good.**

A：大阪駅で7時に待ち合わせましょうか？

B：**Sounds good. See you then.**

SCENE 4 食事に誘う

> **Let's Try 1**　サンプル解答

A：明日のご予定は？ 夕食に行きませんか？
What are you doing tomorrow? Shall we go out for dinner?

B：いいですね。どこで待ち合わせましょうか？
That sounds nice. Where shall we meet?

A：ABCビルの前はどうですか？
How about in front of the ABC building?

B：わかりました。何時がいいですか？
OK. What time would be good for you?

A：6：30はどうですか？
What about 6:30?

> **Let's Try 2**　サンプル解答

A：**Are you free tomorrow? Shall we go out for dinner?**

B：**Sure. That sounds good.**

A：**Shall we meet at Osaka station at 7:00?**

B：**Sounds good. See you then.**

A：明日お時間はありますか？ 夕食を食べに行きませんか？
B：ええ。いいですね。
A：大阪駅で7時に待ち合わせましょうか？
B：わかりました。ではその時に。

SCENE 5 レストランでの会話 1

How about a drink?
飲み物はいかがですか？

Dialogue 🔊MP3 6-09

A：メニューをどうぞ。飲み物はいかがですか？
Here is a menu. How about a drink?

B：グラスビールをお願いします。
I'll have a glass of beer, please.

A：わかりました。メインは何にしますか？
OK. What would you like for the main course?

B：ええっと… Tボーンステーキにします。
Um… I'd like the T-bone steak.

A：おいしそうですね。私も同じものにします。
It looks delicious. I'll have the same.

語句

main course メイン料理　the same 同じもの

SCENE 5 レストランでの会話 1

ターゲットフレーズ☆これだけは！ 🔊MP3 6-10

飲み物はいかがですか？
How about a drink?

➡ What would you like for a drink? は「飲み物は何が良いですか？」

メインは何にしますか？
What would you like for the main course?

関連フレーズ

メニューをどうぞ。
Here is a menu.

飲み物はいかがですか？
Would you like a drink?

グラスビール（ワイン）にします。
I'd like a glass of beer (wine).

私も同じものにします。
I'll have the same.

すごくおいしいらしいですよ。
I've heard it's really good.

これが今日のおすすめ品です。
This is today's special.

お味は大丈夫ですか？
Does everything taste OK?

Unit 6 お客様をもてなす ● 121

Let's Try 1 日本語を参考に下線部を埋めてみましょう。

A：メニューをどうぞ。飲み物はいかがですか？
　　Here _____. **How** _____?

B：グラスビールをお願いします。
　　I'll _____.

A：わかりました。メインは何にしますか？
　　OK. What _____?

B：ええっと… Tボーンステーキにします。
　　Um… I'd _____.

A：おいしそうですね。私も同じものにします。
　　It looks _____. **I'll** _____.

Let's Try 2 以下の1～4に合う英語のフレーズを言ってみましょう。

1．座るように促す

2．メニューを渡す

3．飲み物をすすめる

4．デザートは何にするかたずねる

SCENE 5 レストランでの会話 1

Let's Try 1 サンプル解答

A：メニューをどうぞ。飲み物はいかがですか？
Here is a menu. How about a drink?

B：グラスビールをお願いします。
I'll have a glass of beer, please.

A：わかりました。メインは何にしますか？
OK. What would you like for the main course?

B：ええっと… Tボーンステーキにします。
Um… I'd like the T-bone steak.

A：おいしそうですね。私も同じものにします。
It looks delicious. I'll have the same.

Let's Try 2 サンプル解答

1．Please have a seat.

2．Here is a menu.

3．・How about a drink?
   ・Would you like a drink?

4．What would you like for dessert?

Unit 6 お客様をもてなす ● 123

SCENE 6 レストランでの会話 2

Let's do it again sometime.
またいつかご一緒しましょう。

Dialogue 🔊MP3 6-11

A：ビールをもう一杯か、コーヒーをいかがですか？
Would you like another beer or some coffee?

B：ええっと、そろそろ出た方がいいですね。
Well, I think we should be going.

A：ええ、遅くなってしまいましたね。またいつかご一緒しましょう。
Yes, it's getting late. Let's do it again sometime.

B：ぜひ。すてきなディナーでした。ありがとうございました。
That would be great. It was a wonderful dinner. Thank you.

A：どういたしまして。お気をつけて！
You're welcome. Take care!

語句

another～ ～をもう一杯　late 遅い　sometime いつか

SCENE 6　レストランでの会話 2

ターゲットフレーズ☆これだけは！　MP3 6-12

ビールをもう一杯か、コーヒーをいかがですか？
Would you like another beer or some coffee?

またいつかご一緒しましょう。
Let's do it again sometime.

お気をつけて！
Take care!

関連フレーズ

遅くなってしまいましたね。
It's getting late.

またいつかご一緒したいですね。
I'd love to do this again sometime.

いいですね。
That would be nice.

全部おいしかったです。
Everything tasted great.

　➡ 招待してもらった場合は、Thank you for inviting me. Everything tasted great.「ご招待いただきありがとうございました。全部おいしかったです。」という。

おやすみなさい。
Have a good night.

ご家族によろしくお伝えください。
Please say hello to your family.

Unit 6 お客様をもてなす　125

Let's Try 1　日本語を参考に下線部を埋めてみましょう。

A：ビールをもう一杯か、コーヒーをいかがですか？
   Would you _____?

B：ええっと、そろそろ出た方がいいですね。
   Well, I think _____.

A：ええ、遅くなってしまいましたね。またいつかご一緒しましょう。
   Yes, it's _____. Let's _____.

B：ぜひ。すてきなディナーでした。ありがとうございました。
   That _____. It was _____. _____.

A：どういたしまして。お気をつけて！
   You're welcome. _____!

Let's Try 2　以下の１～３に合う英語のフレーズを言ってみましょう。

1．ワインをもう一杯すすめる

2．また一緒に食事に行きたいと伝える

3．見送るときの一言

SCENE 6 レストランでの会話 2

Let's Try 1 サンプル解答

A：ビールをもう一杯か、コーヒーをいかがですか？
Would you like another beer or some coffee?

B：ええっと、そろそろ出た方がいいですね。
Well, I think we should be going.

A：ええ、遅くなってしまいましたね。またいつかご一緒しましょう。
Yes, it's getting late. Let's do it again sometime.

B：ぜひ。すてきなディナーでした。ありがとうございました。
That would be great. It was a wonderful dinner. Thank you.

A：どういたしまして。お気をつけて！
You're welcome. Take care!

Let's Try 2 サンプル解答

1. Would you like another glass of wine?

2. ・Let's do it again sometime.
   ・We should do this again sometime.

3. ・Take care.
   ・Have a good night.

Unit 6 お客様をもてなす　●127

Toyoko先生とCoffee Break！

今日からできる！スピーキング自己学習法 〜その1〜

辞書の例文の音読

　「これは英語で何と言うのかな？」と気になる単語があれば辞書で調べますよね。調べて「ふーん、なるほど。」と納得して終わってしまわずに、もう1ステップ加えましょう。
単語だけではなく、辞書に載っている例文を、会話風に音読します。
　「きちんとした英語」の音読を通して、自分の英語として取り込んでいきましょう。
　また、単語の意味だけではなく、文章中でどう使われるのかを知り、文全体のリズムやイントネーションをつかむことで、英作文の力を養うこともできます。

口頭英作文

　口頭英作文とは、基本的な英語の構文に単語をのせて、瞬時に口頭で英作文をすることです。
簡単な内容であれば口頭で声に出して英作文の練習をしましょう。
　英会話のアウトプット（話す・書く）は、「よく使われるフレーズ」＋「構文に単語をのせた英作文」で構成されています。
　これができれば日常生活のたいていのことは伝えられるようになります。
　例えば第3文型〈主語＋動詞＋目的語〉を使うと以下のような文が作れます。

　　・I have an appointment at 2 o'clock.
　　・I got an email from Jim.

Unit 7

自社を紹介する

- SCENE 1　歴史を紹介する
- SCENE 2　取扱い製品を紹介する
- SCENE 3　会社をアピールする
- SCENE 4　最近の動向を紹介する

Toyoko先生とCoffee Break！
今日からできる！スピーキング自己学習法 ～その2～

SCENE 1 歴史を紹介する

We were founded in 〜 .
〜年に設立されました。

Dialogue 　🔊MP3 7-01

A：では、少し会社についてお話しさせてください。
Now, let me tell you a little bit about the company.

B：はい。
Sure.

A：わが社は1987年に家電会社として大阪で設立されました。
We were founded in 1987 as a home appliance company in Osaka.

つまり、業界で30年近い経験があるのです。
That means we have almost 30 years of experience in the industry.

B：なるほど。
I see.

語句

found 設立する　as 〜 〜として　home appliance 家電
that means 〜 つまり〜である
have experience in 〜 〜において経験がある　industry 業界

SCENE 1 歴史を紹介する

ターゲットフレーズ☆これだけは！ 🔊MP3 7-02

わが社は1987年に設立されました。
We were founded in 1987.
We were established in 1987.

少し会社についてお話しさせてください。
Let me tell you a little bit about the company.

関連フレーズ

では、会社のプロフィールをお話しさせてください。
Now, let me give you our company profile.

当初は小さな引っ越し会社としてスタートしました。
We started as a small moving company.

つまり、業界で30年近い経験があるのです。
That means we have almost 30 years of experience in the industry.

30年間、大阪府の人々にサービスを提供してまいりました。
We have been serving the people in Osaka for 30 years.

現在、日本に支社が8か所、ヨーロッパに3か所あります。
At the moment, we have eight branches in Japan and three in Europe.

➡ at the moment は「現在」という意味。currently や now でも良い。

本社は大阪市にあります。
The headquarters is located in Osaka city.

➡ be located in 〜で「〜に所在する」という意味。

Let's Try 1 日本語を参考に下線部を埋めてみましょう。

A：では、少し会社についてお話しさせてください。
Now, let _____ the company.

B：はい。
Sure.

A：わが社は1987年に家電会社として大阪で設立されました。
We _____ as a home appliance company in Osaka.

つまり、業界で30年近い経験があるのです。
That means we _____.

B：なるほど。
_____.

Let's Try 2 (　　)の語を使い、自分の会社について英語で紹介してみましょう。(想像の情報でもかまいません。)

1．設立された年と場所（**founded, in**）

2．業界での経験年数（**have, experience in the industry**）

SCENE 1 歴史を紹介する

> **Let's Try 1** サンプル解答

A：では、少し会社についてお話しさせてください。
　　 Now, let me tell you a little bit about the company.

B：はい。
　　 Sure.

A：わが社は1987年に家電会社として大阪で設立されました。
　　 We were founded in 1987 as a home appliance company in Osaka.

　　 つまり、業界で30年近い経験があるのです。
　　 That means we have almost 30 years of experience in the industry.

B：なるほど。
　　 I see.

> **Let's Try 2** サンプル解答

1. **We were founded in 2005 in Osaka, Japan.**
   わが社は日本の大阪で2005年に設立されました。

2. **We have more than 10 years of experience in the industry.**
   業界では10年以上の経験があります。

Unit 7 自社を紹介する　●133

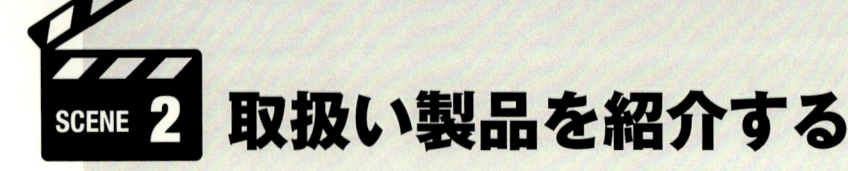

SCENE 2 取扱い製品を紹介する

We handle ～.
～を取り扱っています。

Dialogue　🔊MP3 7-03

A：どのような製品を取り扱っていますか？
What kind of products do you handle?

B：電子レンジやエアコンといった幅広い製品を取り扱っています。
We handle a wide variety of products, such as microwaves, air conditioners and so on.

A：PCやプリンターも売っていますか？
Do you sell PCs and printers as well?

B：もちろん。PCや周辺機器も提供していますよ。
Of course. We offer PCs and peripheral devices, too.

語句

handle 取り扱う　a wide variety of ～ 幅広い～　products 製品
such as ～ ～のような　and so on など　offer 提供する
peripheral device 周辺機器

SCENE 2 取扱い製品を紹介する

ターゲットフレーズ☆これだけは！　MP3 7-04

電子レンジやエアコンといった幅広い製品を取り扱っています。
We handle a wide variety of products, such as microwaves, air conditioners and so on.

➡ 「取り扱う」という意味で使われる動詞にはhandleやdeal withがある。carryも「取り扱う」という意味だが「その品物を在庫として持っている、取り揃えている」というニュアンスを含む。

PCや周辺機器も提供しています。
We offer PCs and peripheral devices, too.

関連フレーズ

どのような製品を取り扱っていますか？
What kind of products do you handle?

家電を取り扱っています。
We deal with home appliances.

様々なアイテムを取り揃えております。
We carry a variety of items.

家電製品を輸出しています。
We export home appliances.

プロによるすばらしいアフターサービスを提供しています。
We provide an excellent after-sales service by experts.

私たちはわが社の製品を日本では2,000社へ流通させています。
We distribute our products to 2,000 companies in Japan.

Unit 7 自社を紹介する　● 135

Let's Try 1 日本語を参考に下線部を埋めてみましょう。

A：どのような製品を取り扱っていますか？
What kind of _____ **?**

B：電子レンジやエアコンといった幅広い製品を取り扱っています。
We _____ **, such as microwaves, air conditioners** _____ **.**

A：PCやプリンターも売っていますか？
Do _____ **?**

B：もちろん。PCや周辺機器も提供していますよ。
Of course. We _____ **, too.**

Let's Try 2 以下の日本語を英語にしてください。下線部には自分の会社の情報を入れましょう。（想像の情報でもかまいません。）

少し会社についてお話しさせてください。

当社は_____や_____のような_____を取り扱っています。

また最近は_____の提供もしています。

_____に設立され、_____に本社があります。

従業員数は_____人で、支社が_____にあります。

当社は_____と_____を誇りとしています。

SCENE 2 取扱い製品を紹介する

Let's Try 1 サンプル解答

A：どのような製品を取り扱っていますか？
What kind of products do you handle?

B：電子レンジやエアコンといった幅広い製品を取り扱っています。
We handle a wide variety of products, such as microwaves, air conditioners and so on.

A：PCやプリンターも売っていますか？
Do you sell PCs and printers as well?

B：もちろん。PCや周辺機器も提供していますよ。
Of course. We offer PCs and peripheral devices, too.

Let's Try 2 サンプル解答

Let me talk a little bit about the company.
We handle construction machines such as concrete cutters and electric drills.
Recently, we are also offering re-sharpening services of cutting tools throughout Kansai-area.
We were founded in 1982, and the headquarters is located in Hirakata.
The number of employees is 355, and we have a branch in Tokyo.
We are proud of our professionalism and our services.

少し会社についてお話しさせてください。
当社はコンクリートカッターや電気ドリルのような建設機器を取り扱っています。
また最近は関西エリアで切削工具の再研削サービスの提供もしています。
1982年に設立され、枚方に本社があります。
従業員数は355人で、支社が東京にあります。
当社はプロフェッショナリズムとサービスを誇りとしています。

Unit 7 自社を紹介する　137

SCENE 3　会社をアピールする

We are proud of our quality services.
質の高いわが社のサービスを誇りに思っています。

Dialogue　◀))MP3 7-05

A：御社のサービスはとてもユニークですね。
Your services are very unique.

B：はい。わが社のポリシーはあらゆる方法でお客様のお手伝いをし、より良いサービスを提供し続けることです。
Yes. Our policy is to help our customers in every way we can and keep providing a better service.

私たちは質の高いわが社のサービスを誇りに思っており、お客様から高い評価を受けてきました。
We are proud of our quality services and we have been getting a high reputation from our customers.

A：なるほど。
Right.

語句

policy ポリシー、方針　　customers 客
in every way we can あらゆる方法で
be proud of～ ～を誇りに思う　　high reputation 高い評価

SCENE 3 会社をアピールする

ターゲットフレーズ☆これだけは！　MP3 7-06

質の高いわが社のサービスを誇りに思っています。
We are proud of our quality services.

→ be proud of ～「～を誇りに思っている」という表現を使って自社をアピールしましょう。自社の紹介をする時に謙遜は必要ありません。大げさなくらいでも良いかも。

お客様から高い評価を受けてきました。
We have been getting a high reputation from our customers.

関連フレーズ

わが社のポリシーはあらゆる方法でお客様のお手伝いをすることです。
Our policy is to help our customers in every way we can.

より良いサービスを提供し続けられるよう心がけています。
We aim to keep providing a better service.

お客様の信頼を得てきました。
We have gained trust from our customers.

建設業界で私たちの商品は幅広く使われています。
Our products are widely used in construction industry.

私たちは常にお客様のニーズにお応えできます。
We are always prepared to meet customers' needs.

独自の市場戦略が私たちの強みです。
Our strength is in our unique marketing strategy.

ロジスティックスの面では大きな強みがあります。
We have a big advantage in terms of logistics.

Unit 7 自社を紹介する

Let's Try 1　日本語を参考に下線部を埋めてみましょう。

A：御社のサービスはとてもユニークですね。
Your _____.

B：はい。わが社のポリシーはあらゆる方法でお客様のお手伝いをし、より良いサービスを提供し続けることです。
Yes. Our _____ in every way we can and keep _____.

私たちは質の高いわが社のサービスを誇りに思っており、お客様から高い評価を受けてきました。
We _____ and we have been _____ from our customers.

A：なるほど。
_____.

Let's Try 2　以下の日本語を英語にしてください。下線部には自分の会社の情報を入れましょう。（想像の情報でもかまいません。）

わが社のポリシーは_____することです。

_____を目標としています。

_____を誇りに思っています。

SCENE 3 会社をアピールする

> Let's Try 1 サンプル解答

A：御社のサービスはとてもユニークですね。
Your services are very unique.

B：はい。わが社のポリシーはあらゆる方法でお客様のお手伝いをし、より良いサービスを提供し続けることです。
Yes. Our policy is to help our customers in every way we can and keep providing a better service.

私たちは質の高いわが社のサービスを誇りに思っており、お客様から高い評価を受けてきました。
We are proud of our quality services and we have been getting a high reputation from our customers.

A：なるほど。
Right.

> Let's Try 2 サンプル解答

Our policy is to provide customers with high quality products and services.
Also, we aim to make a contribution to the development of the manufacturing industry in Japan.
We are proud of our professionalism and highly skilled staff.

わが社のポリシーは質の高い製品とサービスをお客様に提供することです。
また、日本の製造業界の発展に貢献することも目標としています。
プロフェッショナリズムと高いスキルをもったスタッフを誇りに思っています。

Unit 7 自社を紹介する

SCENE 4 最近の動向を紹介する

Recently, we've ～.
最近、～しました。

Dialogue　　MP3 7-07

A：最近、ソーラーパネルの開発を始めました。
Recently, we've started developing solar panels.

B：あ、そうなんですか？
Oh, really?

A：先ほど申しましたように、わが社の目標は製造業界の発展に貢献することです。
As I mentioned, our goal is to contribute to the development of manufacturing industry.

しかし、環境を守ることも大切であると考えます。
But we also think it's important to protect the environment.

B：実は、わが社の工場を太陽光発電で運転しようと計画中なんです。
Actually, we are planning to run our factory on solar power.

語句

recently 最近　　develop 開発する　　mention 述べる
contribute to ～　～に貢献する
it's important to ～　～することは重要である

SCENE 4 最近の動向を紹介する

ターゲットフレーズ☆これだけは！　MP3 7-08

最近、ソーラーパネルの開発を始めました。
Recently, we've started developing solar panels.

わが社の工場を太陽光発電で運転しようと計画中です。
We are planning to run our factory on solar power.

関連フレーズ

ソーラーパネルの開発を始めたところです。
We've just started developing solar panels.

来年の早い時期に新しいプロジェクトを立ち上げます。
We are going to launch a new project early next year.

➡ launch は「立ち上げる」という意味。start や set up でも良い。ウェブサイトを開設する場合は launch a website と言う。

来月には新商品が市場に出るでしょう。
We expect the new product to be in the market next month.

ドイツの会社と2013年にジョイントベンチャーを立ち上げました。
We've established a joint venture with a German company in 2013.

現在は"グリーン・プロジェクト"に取り組んでいます。
We are working on "Green Project" at the moment.

➡ work on ～は「～に取り組む」という意味で、ビジネスでよく使われる表現。We are working on ～.「当社は～に取り組んでいます。」

11月には次段階に移行します。
We will move on to the next phase in November.

➡ move on to で「次に移行する」という意味。

Unit 7 自社を紹介する　● 143

Let's Try 1 日本語を参考に下線部を埋めてみましょう。

A：最近、ソーラーパネルの開発を始めました。
_____, we've _____.

B：あ、そうなんですか？
Oh, really?

A：先ほど申しましたように、わが社の目標は製造業界の発展に貢献することです。
As _____, our _____ contribute to the development of manufacturing industry.

しかし、環境を守ることも大切であると考えます。
But we also think _____ protect the environment.

B：実は、わが社の工場を太陽光発電で運転しようと計画中なんです。
Actually, we _____ run our factory on solar power.

Let's Try 2 以下のフレーズのいずれかを使って、あなたの会社の最近の動向について英語で話してみましょう。（想像の情報でもかまいません。）

・**Recently, we've 〜.**（最近、〜しました。）

・**We are planning to 〜.**（〜を計画中です。）

・**We've just 〜.**（〜したばかりです。）

144

SCENE 4 最近の動向を紹介する

Let's Try 1　サンプル解答

A：最近、ソーラーパネルの開発を始めました。
Recently, we've started developing solar panels.

B：あ、そうなんですか？
Oh, really ?

A：先ほど申しましたように、わが社の目標は製造業界の発展に貢献することです。
As I mentioned, our goal is to contribute to the development of manufacturing industry.

しかし、環境を守ることも大切であると考えます。
But we also think it's important to protect the environment.

B：実は、わが社の工場を太陽光発電で運転しようと計画中なんです。
Actually, we are planning to run our factory by solar power.

Let's Try 2　サンプル解答

- **Recently, we've opened another factory in India.**
  最近、インドに新しい工場を開設しました。

- **We are planning to move the headquarters to Tokyo.**
  本社を東京に移すことを計画中です。

- **We've just started our new business in Taiwan.**
  台湾で新しいビジネスを始めたばかりです。

Unit 7　自社を紹介する　●145

Toyoko先生とCoffee Break！

今日からできる！スピーキング自己学習法 〜その2〜

話したい内容を書いて音読する

　事前にある程度話す内容がわかっている場合は、まず話すことを紙に書いてみましょう。ただし、紙に書いただけではいけません。原稿ができ上がったらそれを何度も音読し、読まなくてもスムーズに話せるようになるまで練習しましょう。

☆音声の出る電子辞書や辞書サイトを使って正しい発音を確認してから練習しましょう！　間違った発音だと相手に伝わらない場合があるので、発音にも注意しましょう！

☆書くとついつい文章が長くなってしまったり、複雑な表現を使ってしまいがちですが、最終的には自分が「話す」ための文章であることを意識し、自分が言いやすい話し言葉で書きましょう。（話し言葉のポイントは164ページ参照）
何度か音読してみて、どうしてもスムーズに言えない箇所は他に言いやすい表現はないか、文章を分割できないか考え、推敲しましょう。

☆プレゼンテーションのように自分が一方的に話す場合でも、長く複雑な文章は聞き手側にとっては理解しにくく、いくら内容が良くても相手に伝わりにくくなります。
簡単な単語と短い文章でリズムやイントネーションをつけて話しましょう。リズムやイントネーションはシャドウイングをすることで身につけましょう！（シャドウイングのポイントは66ページ参照）

Unit 8

セールストーク

- SCENE 1 商品をすすめる
- SCENE 2 特徴を伝える
- SCENE 3 感想を聞き出す
- SCENE 4 交渉する

Toyoko先生とCoffee Break！
今日からできる！スピーキング自己学習法 ～その3～

SCENE 1 商品をすすめる

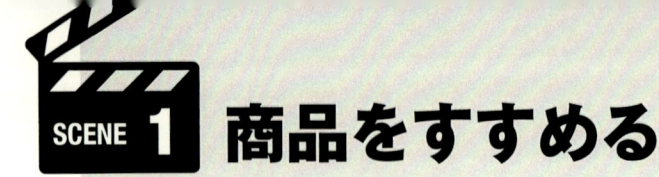

You might like this one better.
こちらの方がお気に召されるかもしれません。

Dialogue 　　　　　　　　　　　MP3 8-01

A：使いやすいものを探しているのですが。
I'm looking for something that's easy to use.

B：そうですね、このモデルはスクリーンが大きいのでとても人気です。
Well, this model is very popular because it has a big screen.

A：うーん…。すてきだけど、ちょっと大きすぎますね。
Hmmm…. It's nice, but a little bit too big.

B：それであれば、こちらの方がお気に召されるかもしれません。
In that case, you might like this one better.

同じ機能を搭載していますが、より薄くて軽いですよ。
It has the same features, but thinner and lighter.

語句

easy to ～　～しやすい　　popular 人気が高い
in that case その場合は　　might ひょっとしたら～かもしれない
feature 機能、特徴

SCENE 1　商品をすすめる

ターゲットフレーズ☆これだけは！　🔊MP3 8-02

こちらの方がお気に召されるかもしれません。
You might like this one better.

このモデルはスクリーンが大きいのでとても人気です。
This model is very popular because it has a big screen.

関連フレーズ

何か特別なものをお探しですか？
Are you looking for something in particular?

➡ something in particular で「特別な何か」という意味。

スクリーンが大きいのでこれをおすすめします。
I would recommend this one because it has a big screen.

➡ I would recommend ～は「～をおすすめします」の意味。ここでのwouldは「私だったら～、強いて言えば～」というニュアンスを表わす。

これは気に入っていただけると思います。
I think you'll like this one.

あなたの業種の方専用にデザインされています。
This is specially designed for people in your business.

➡ be specially designed for ～は「～のために特別にデザイン（企画）された」という意味。

このモデルはシリーズの中でも最小なので一番人気があります。
This model is the most popular because it's the smallest in the series.

こちらをご覧になられますか？
Would you like to look at this one?

Unit 8 セールストーク　● 149

Let's Try 1 日本語を参考に下線部を埋めてみましょう。

A：使いやすいものを探しているのですが。
I'm _____ something that's _____.

B：そうですね、このモデルはスクリーンが大きいのでとても人気です。
Well, this _____ it has a big screen.

A：うーん…。すてきだけど、ちょっと大きすぎますね。
Hmmm…. It's nice, but _____.

B：それであれば、こちらの方がお気に召されるかもしれません。
In _____, you _____.

同じ機能を搭載していますが、より薄くて軽いですよ。
It has _____, but _____.

Let's Try 2 (　　　　)内の語を参考に、以下の1～4を英語で言ってみましょう。

1．軽いのでとても人気があります。(**light**)

2．持ち運びしやすいのでこれをおすすめします。(**easy to carry**)

3．これは母親たちのために特別に設計されました。(**mothers**)

4．ABC機能が付いているのでこちらの方がお気に召されるかもしれません。(**has the ABC feature**)

150

SCENE 1 商品をすすめる

Let's Try 1 ＞ サンプル解答

A：使いやすいものを探しているのですが。
　　I'm <u>looking for</u> something that's <u>easy to use</u>.

B：そうですね、このモデルはスクリーンが大きいのでとても人気です。
　　Well, this <u>model is very popular, because</u> it has a big screen.

A：うーん…。すてきだけど、ちょっと大きすぎますね。
　　Hmmm…. It's nice, but <u>a little bit too big</u>.

B：それであれば、こちらの方がお気に召されるかもしれません。
　　In <u>that case</u>, you <u>might like this one better</u>.

　　同じ機能を搭載していますが、より薄くて軽いですよ。
　　It has <u>the same features</u>, but <u>thinner and lighter</u>.

Let's Try 2 ＞ サンプル解答

1．It's very popular because it's light.

2．I would recommend this one because it's easy to carry.

3．This is specially designed for mothers.

4．You might like this one better because it has the ABC feature.

Unit 8 セールストーク　●151

SCENE 2 特徴を伝える

First, ～. Second, ～.
まず、～です。2つ目は、～です。

Dialogue 🔊 MP3 8-03

A：このプリンターにはどのような機能がありますか？
What features does this printer have?

B：まず、"イージーメンテナンス・モジュール"搭載です。
First, it comes with the "easy-maintenance module".

2つ目は、ご覧いただけますように、タッチパネルが付いています。
Second, as you can see, it has a touch panel.

A：重さは？
How much does it weigh?

B：とても軽いですよ。たったの1300グラムです。
It's very light. It only weighs 1300 grams.

A：わあ、すごいですね！
Oh, that's fantastic!

語句

it comes with～　～が付いている
as you can see　ご覧いただけますように　　weigh　重さがある

152

SCENE 2　特徴を伝える

ターゲットフレーズ☆これだけは！　🔊MP3 8-04

このプリンターにはどのような機能がありますか？
What features does this printer have?

まず、"イージーメンテナンス・モジュール"搭載です。
First, it comes with the "easy-maintenance module".

2つ目は、タッチパネルが付いています。
Second, it has a touch panel.

➡ ポイントが複数ある場合、first「1つ目は」、second「2つ目は」と箇条書き風に話すと良い。

関連フレーズ

このプリンターの機能を教えていただけますか？
Can you tell me the features of this printer?

たくさんの機能がありますよ。
It has many features.

詳細（仕様）をお話しいたしましょう。
Let me give you the details (specifications).

➡ Let me ～は「（私は）～します」と言う時によく使われる表現。Let me explain quickly.「手短にご説明します。」

このプリンターの特徴はタッチパネルです。
This printer features a touch panel.

これはタッチパネルがついている唯一のプリンターです。
This printer is unique because it has a touch panel.

一番軽いモデルです。
It's the lightest model.

Unit 8 セールストーク　●153

Let's Try 1 日本語を参考に下線部を埋めてみましょう。

A：このプリンターにはどのような機能がありますか？
What _____?

B：まず、"イージーメンテナンス・モジュール"搭載です。
_____, it _____ the "easy-maintenance module".

2つ目は、ご覧いただけますように、タッチパネルが付いています。
_____, as _____, it has a touch panel.

A：重さは？
How _____?

B：とても軽いですよ。たったの1300グラムです。
It's _____. It only weighs 1300 grams.

A：わあ、すごいですね！
Oh, that's _____!

Let's Try 2 以下はある製品の機能及び特徴です。
First、Second、Thirdを使ってそれぞれの特徴を表す文を英語で言ってみましょう。

・**big screen**（大きなスクリーン）

・**very compact**（とてもコンパクト）

・**comes in four different colors**（4色から選べる）

SCENE 2 特徴を伝える

Let's Try 1 サンプル解答

A：このプリンターにはどのような機能がありますか？
What features does this printer have?

B：まず、"イージーメンテナンス・モジュール"搭載です。
First, it comes with the "easy-maintenance module".

2つ目は、ご覧いただけますように、タッチパネルが付いています。
Second, as you can see, it has a touch panel.

A：重さは？
How much does it weigh?

B：とても軽いですよ。たったの1300グラムです。
It's very light. It only weighs 1300 grams.

A：わあ、すごいですね！
Oh, that's fantastic!

Let's Try 2 サンプル解答

- **First, it has a big screen.**
  1つ目は、大きなスクリーンが付いています。

- **Second, it's very compact.**
  2つ目は、とてもコンパクトです。

- **Third, it comes in four different colors.**
  3つ目は、4色から選べます。

Unit 8 セールストーク

SCENE 3 感想を聞き出す

How do you like it?
お気に召しましたか？

Dialogue 🔊MP3 8-05

A：ご覧のように、このプリンターは1秒間に15行印刷できます。
As you can see, this printer can print 15 lines in one second.

必ずやお客様のビジネスに大いに役立つと思います。
I'm sure this will help your business a great deal.

お気に召しましたか？
How do you like it?

B：うーん…。まぁまぁですね。
Ummm.... It's OK.

A：どのような所で迷われていますか？
What's holding you back?

B：ちょっと大きすぎですね。
It's just a little too big.

語句

I'm sure 〜 〜だと確信している　a great deal 大いに
hold (人) back (人)をためらわせる　too 〜 〜過ぎる

SCENE 3 感想を聞き出す

ターゲットフレーズ☆これだけは！　🔊MP3 8-06

お気に召しましたか？
How do you like it?

どのような所で迷われていますか？（何が引っかかっていますか？）
What's holding you back?

関連フレーズ

どう思われますか？
What do you think?

➡ What do you think about ～? または、What do you think of ～? のようにaboutやofをつける場合もある。

ここまでで、どう思われますか？
What do you think so far?

➡ so far「これまでのところ」という意味。

よろしいでしょうか？
Does it look good to you?
Does it sound good to you?

何で迷われていますか？
What's stopping you?

ご心配なことは何でしょう？
What are your concerns?

➡ concerns「心配、懸念」の意味。

ご質問があればお知らせください。
Please let me know if you have any questions.

Unit 8 セールストーク ● 157

Let's Try 1 日本語を参考に下線部を埋めてみましょう。

A：ご覧のように、このプリンターは1秒間に15行印刷できます。
As _____, this printer _____ in one second.

必ずやお客様のビジネスに大いに役立つと思います。
I'm sure this will _____.

お気に召しましたか？
How _____?

B：うーん…。まぁまぁですね。
Ummm.... _____.

A：どのような所で迷われていますか？
What's _____?

B：ちょっと大きすぎですね。
It's _____.

Let's Try 2 以下の1〜3を英語で言ってみましょう。

1．このシャツは気に入られましたか？

2．何で迷われていますか？

3．どう思いますか？

SCENE 3 感想を聞き出す

> Let's Try 1 サンプル解答

A：ご覧のように、このプリンターは1秒間に15行印刷できます。
As you can see, this printer can print 15 lines in one second.

必ずやお客様のビジネスに大いに役立つと思います。
I'm sure this will help your business a great deal.

お気に召しましたか？
How do you like it?

B：うーん…。まぁまぁですね。
Ummm.... It's OK.

A：どのような所で迷われていますか？
What's holding you back?

B：ちょっと大きすぎですね。
It's just a little too big.

> Let's Try 2 サンプル解答

1．**How do you like this shirt?**

2．・**What's holding you back?**
　　・**What's stopping you?**

3．**What do you think?**

Unit 8 セールストーク

SCENE 4 交渉する

If you ～, you will ～.
もし～したら、～します。

Dialogue 🔊 MP3 8-07

A：今日買っていただければ、10％の値引きが受けられますよ。
If you buy today, you will get a 10% discount.

B：うーん…。それでもまだ高いですね。
Well.... It's still a bit expensive.

A：わかりました。では、これはどうですか？
OK. How about this?

今日買っていただければ、10％の値引きと無償の２年補償も付けます。
If you buy today, you will get a 10% discount and a free two-year warranty.

B：20％の値引きは？
How about a 20% discount?

語句

discount 値引き　still それでもまだ　warranty 補償

ターゲットフレーズ☆これだけは！　MP3 8-08

今日買っていただければ、10%の値引きが受けられますよ。
If you buy today, you will get a 10% discount.

では、これはどうですか？
How about this?

関連フレーズ

価格をもっと下げていただけませんか？
Can you lower the price?

➡ lowerは「下げる（下がる）」で、反意語はheighten「高める（増す）」。

今日契約書にサインすることで私たちが得られる特典は？
How do we benefit from signing the contract today?

それなら妥当ですね。
That seems reasonable enough.

残念ですがそれには合意できません。
I'm afraid we can't agree to that.

➡ agree with ～は「人や人の意見に賛成する」という意味。agree to ～は「人の提案に同意する」。agree on ～は「何かに合意する」というニュアンス。We agreed on the new policy.「新しい方針に合意する。」

10%の値引きしかできません。
We can only offer a 10% discount.

15%が上限です。
15% is the maximum.

この件については私の上司と確認します。
Let me check with my boss about this.

Let's Try 1　日本語を参考に下線部を埋めてみましょう。

A：今日買っていただければ、10%の値引きが受けられますよ。
If _____, you _____.

B：うーん…。それでもまだ高いですね。
Well.... It's _____.

A：わかりました。では、これはどうですか？
OK. How _____?

今日買っていただければ、10%の値引きと無償の2年補償も付けます。
If _____, you _____ and a free _____.

B：20%の値引きは？
How _____?

Let's Try 2　日本語部分を英語に変えながら、以下のやりとりをしてみましょう。

A：今日買っていただけたら、50ピースを無償で差し上げます。

B：We don't need that many. What else can you offer?

A：これならどうですか？今日買っていただけたら、5%値引きします。

B：How about 8%?

A：すみませんが、6%が上限です。

SCENE 4 交渉する

Let's Try 1 サンプル解答

A：今日買っていただければ、10％の値引きが受けられますよ。
If you buy today, you will get a 10% discount.

B：うーん…。それでもまだ高いですね。
Well.... It's still a bit expensive.

A：わかりました。では、これはどうですか？
OK. How about this?

今日買っていただければ、10％の値引きと無償の２年補償も付けます。
If you buy today, you will get a 10% discount and a free two-year warranty.

B：20％の値引きは？
How about a 20% discount?

Let's Try 2 サンプル解答

A：**If you buy today, we will give you 50 pieces for free.**

B：**We don't need that many. What else can you offer?**

A：**How about this? If you buy today, you will get a 5% discount.**

B：**How about 8%?**

A：**I'm afraid 6% is the maximum.**

A：今日買っていただけたら、50ピースを無償で差し上げます。
B：そんなにたくさん要りません。他に提案は？
A：これならどうですか？今日買っていただけたら、5％値引きします。
B：8％では？
A：すみませんが、6％が上限です。

Unit 8 セールストーク

Toyoko先生とCoffee Break！

今日からできる！スピーキング自己学習法 〜その3〜

日記を書く

　その日にあった出来事や自分の考え、意見を簡単に英語で書いてみましょう。

　ただし、日記を書くときは、「書き言葉」ではなく「話し言葉」で書くように心がけましょう。

話し言葉にするためのポイント
- できるだけ文章を短くする！
- できるだけ能動態で書く！（IやYou等で文章を始める）
- 実際に自分が話しているつもりで、せりふのように書く！
- シンプルに、を心がける！

書き言葉の例：
Mr. Smith, who is the head of the Singapore Office, came to my office today.
It was very surprising because his visit was not scheduled.
実際の会話ではこのような話し方はしないので、不適切

話し言葉に書き換えると ⬇

Mr. Smith came to my office today.
He's the head of the Singapore Office.
I was so surprised because I didn't know he was coming!

Unit 9
会議の英会話

- SCENE 1 電話会議の参加者を確認する
- SCENE 2 賛成する
- SCENE 3 反対する
- SCENE 4 意見を述べる
- SCENE 5 確信度を表すフレーズ
- SCENE 6 メリットを説明する
- SCENE 7 即答を避ける
- SCENE 8 要求をソフトに断る
- SCENE 9 会議の進行役(チェアー)を務める

Toyoko先生とCoffee Break！
助動詞を使いこなそう！

SCENE 1 電話会議の参加者を確認する

Let me confirm who is online.
誰がオンラインなのか確認させてください。

Dialogue 🔊 MP3 9-01

A：もしもし。誰がオンラインなのか確認させてください。
Hello. Let me confirm who is online.

ABCチームのみなさんは全員そろっていますか？
Is everyone from ABC team online?

（ABCチームからの応答）

A：どうも、みなさん。お元気ですか？ 今参加したのは誰ですか？
Hello, everyone. How are you? Who just joined?

B：もしもし、XYZチームのヨウコです。聞こえますか？
Hello, it's Yoko from XYZ team. Can you hear me?

A：どうも、ヨウコ。はい、聞こえますよ。
Hi, Yoko. Yes, I can hear you.

語句

be online オンラインである　join 参加する

SCENE 1 電話会議の参加者を確認する

ターゲットフレーズ☆これだけは！　MP3 9-02

誰がオンラインなのか確認させてください。
Let me confirm who is online.

ABCチームのみなさんは全員そろっていますか？
Is everyone from ABC team online?

➡ TV会議の場合はIs everyone from ABC team there?「皆さん（そこに）そろいましたか？」と言う。onlineからthereに変わる。

関連フレーズ

今参加したのは誰ですか？
Who just joined?

まだジョンの参加を待っています。
We are still waiting for John.

聞こえますか？
Can you hear me?

聞こえません。
I can't hear you.

つながりが悪いようです。
We have a bad connection.

声が途切れています。
Your voice is breaking up.

かけなおさせてください。
Let me call you back.

Unit 9 会議の英会話　●167

Let's Try 1 日本語を参考に下線部を埋めてみましょう。

A：もしもし。誰がオンラインなのか確認させてください。
Hello. Let _____.

ABCチームのみなさんは全員そろっていますか？
Is everyone _____?

（ABCチームからの応答）

A：どうも、みなさん。お元気ですか？ 今参加したのは誰ですか？
Hello, everyone. How _____? Who_____?

B：もしもし、XYZチームのヨウコです。聞こえますか？
Hello, it's _____. Can _____?

A：どうも、ヨウコ。はい、聞こえますよ。
Hi, Yoko. Yes, I _____.

Let's Try 2 以下の質問に対して（　　　）に記載された状況を想定して答えてください。

1．Is everyone from ABC team online？（Kenがまだ来ない）

2．Can you hear me？（相手の声が割れる。つながりが悪いのでかけなおす）

SCENE 1 電話会議の参加者を確認する

> Let's Try 1 サンプル解答

A：もしもし。誰がオンラインなのか確認させてください。
Hello. Let me confirm who is online.

ABCチームのみなさんは全員そろっていますか？
Is everyone from ABC team online?

（ABCチームからの応答）

A：どうも、みなさん。お元気ですか？ 今参加したのは誰ですか？
Hello, everyone. How are you? Who just joined?

B：もしもし、XYZチームのヨウコです。聞こえますか？
Hello, it's Yoko from XYZ team. Can you hear me?

A：どうも、ヨウコ。はい、聞こえますよ。
Hi, Yoko. Yes, I can hear you.

> Let's Try 2 サンプル解答

1. **No, we are still waiting for Ken.**

2. **Your voice is breaking up. We have a bad connection. Let me call you back.**

Unit 9 会議の英会話　●169

SCENE 2 賛成する

I agree with you, because ～ .
あなたに賛成です、なぜなら～。

Dialogue 🔊 MP3 9-03

A：コールセンターからウェブのカスタマーケアに変えるべきです。
I think we should switch from call center to web-based customer care.

B：賛成です、その方がカスタマーケアの質を管理しやすいですから。
I agree with you, because it's easier to control the quality of our customer care.

A：そのとおりです。それに、会社は人件費を節約できます。
You're right. Also, the company can save money on staff.

B：完全に同意します。
I completely agree with you.

語句

switch from A to B　AからBに切り替える　　control 管理する
save money on ～　～の費用を節約する　　completely 完全に

SCENE 2 賛成する

ターゲットフレーズ☆これだけは！ MP3 9-04

あなたに賛成です。
I agree with you.

そのとおりです。
You're right.

関連フレーズ

完全に同意します。
I completely agree with you.

完全に同意します。
I fully agree with you.

➡ fullyの代わりにtotallyでも良い。

あなたの意見を完全に支持します。
I fully support your opinion.

その点については賛成ですが、ABCの方が良いかも知れません。
I agree with you on that point, but ABC might be better.

ある程度は賛成ですが、それでも私はABCの方が良いと思います。
I agree with you to some extent, but I still think ABC is better.

➡ to some extent は「ある程度」という意味。

基本的にはあなたが正しいと思いますが、XXの面ではもっと考える必要があります。
Basically, I think you are right, but in terms of XX, we need to consider more.

Unit 9 会議の英会話 ● 171

Let's Try 1 日本語を参考に下線部を埋めてみましょう。

A：コールセンターからウェブのカスタマーケアに変えるべきです。
I think _____ to web-based customer care.

B：賛成です、その方がカスタマーケアの質を管理しやすいですから。
I _____, because it's easier to _____.

A：そのとおりです。それに、会社は人件費を節約できます。
You're _____. Also, the company can _____.

B：完全に同意します。
I _____.

Let's Try 2 以下の意見に対し賛成の意思を表しましょう。また、なぜ賛成なのか、"because ～"とキーワードを使って理由も述べてください。

意見：**Cats are better than dogs as pets**.
（犬より猫の方がペットとしては良い。）

キーワード：**smarter**（より賢い）、**quieter**（より静か）
easier to take care of（より世話をするのが楽）

SCENE 2 賛成する

Let's Try 1 サンプル解答

A：コールセンターからウェブのカスタマーケアに変えるべきです。
I think we should switch from call center to web-based customer care.

B：賛成です、その方がカスタマーケアの質を管理しやすいですから。
I agree with you, because it's easier to control the quality of our customer care.

A：そのとおりです。それに、会社は人件費を節約できます。
You're right. Also, the company can save money on staff.

B：完全に同意します。
I completely agree with you.

Let's Try 2 サンプル解答

・**I agree with you, because cats are smarter.**
あなたに賛成です、なぜなら猫の方が賢いからです。

・**I completely agree with you, because cats are quieter.**
あなたに完全に賛成です、なぜなら猫の方が静かだからです。

・**You're right, because cats are easier to take care of.**
そのとおりです、なぜなら猫の方が世話をするのが楽だからです。

SCENE 3 　反対する

I'm sorry, but I disagree with you.
すみませんが、反対です。

Dialogue 　MP3 9-05

A：キャンペーンはクリスマスの前に始めるべきだと思います。
I think we should start the campaign before Christmas.

B：すみませんが、反対です。
I'm sorry, but I disagree with you.

企画するのには時間が十分ではありません。
We don't have enough time to plan it.

年が明けてから開始するべきです。
I think we should start after the New Year.

A：お考えはわかりますが、クリスマスギフトを買う客をねらわなければ。
I see your point, but we need to target the customers who are buying Christmas gifts.

語句

disagree 反対する　　point 論点、主眼点
target〜 〜をターゲットにする

SCENE 3 反対する

ターゲットフレーズ☆これだけは！ 🔊MP3 9-06

すみませんが、反対です。
I'm sorry, but I disagree with you.

➡ I'm sorryの過度な使用は避けましょう。ただし、相手の意見に反対する時に前置きとしてI'm sorry, but 〜と言うのはOKです。

あなたの考えはわかります。
I see your point.

関連フレーズ

すみませんが、その点についてはあなたに反対です。
I'm sorry, but I disagree with you on that point.

これについては、私は違う意見です。
I have a different opinion on this.

➡ disagreeという語を使わずに反論する言い方。

お考えは理解しますが、新年が明けてから開始するべきだと思います。
I understand your viewpoint, but I think we should start it after the New Year.

おっしゃる意味はわかりますが、時間がありません。
I understand what you mean, but we don't have enough time.

それはあまり良い考えだとは思いません。
I don't think that is a very good idea.

すみませんが、私はあなたの考えを受け入れることはできません。
I'm sorry, but I can't accept your idea.

Unit 9 会議の英会話 ● 175

Let's Try 1　日本語を参考に下線部を埋めてみましょう。

A：キャンペーンはクリスマスの前に始めるべきだと思います。
I think _____.

B：すみませんが、反対です。
I'm _____.

企画するのには時間が十分ではありません。
We don't have _____.

年が明けてから開始するべきです。
I think _____.

A：お考えはわかりますが、クリスマスギフトを買う客をねらわなければ。
I _____, but we _____
who are buying Christmas gifts.

Let's Try 2　以下の意見に対し反対の意思を表しましょう。
また、なぜ反対なのか"because 〜"とキーワードを使って理由も述べてください。

意見：**Traveling in Japan is more fun than traveling overseas.**
（海外旅行よりも日本国内の旅行の方が楽しい。）

キーワード：**you can enjoy different cultures**
（違った文化を楽しめる）
more exciting
（よりエキサイティング）

SCENE 3 反対する

Let's Try 1 サンプル解答

A：キャンペーンはクリスマスの前に始めるべきだと思います。
I think we should start the campaign before Christmas.

B：すみませんが、反対です。
I'm sorry, but I disagree with you.

企画するのには時間が十分ではありません。
We don't have enough time to plan it.

年が明けてから開始するべきです。
I think we should start after the New Year.

A：お考えはわかりますが、クリスマスギフトを買う客をねらわなければ。
I see your point, but we need to target the customers who are buying Christmas gifts.

Let's Try 2 サンプル解答

- **I'm sorry, but I disagree with you, because you can enjoy different cultures overseas.**
  すみませんがあなたに反対です、なぜなら海外では違った文化を楽しめるからです。

- **I completely disagree with you, because traveling overseas is more exciting.**
  あなたに完全に反対です、なぜなら海外旅行の方がもっとエキサイティングだからです。

SCENE 4 意見を述べる

In my opinion, I think ～.
私の意見では、～だと思います。

Dialogue 🔊 MP3 9-07

A：私はタブレットが教科書にとって代わるべきだと思います。
I think tablets should replace textbooks.

B：なぜそう思うのですか？
Could you tell us why?

A：えっと、私の意見では、学生はその方が良く学べると思います。
Well, in my opinion, I think students will learn better.

タブレットの方がずっと環境に良いとも確信しています。
I believe tablets are much more eco-friendly, too.

B：個人的には、タブレットは学生の気をそらしすぎる感じがします。
Personally, I feel tablets will distract students too much.

語句

replace とって代わる　ecofriendly 環境にやさしい
distract～ ～の気をそらせる

SCENE 4 意見を述べる

ターゲットフレーズ☆これだけは！　🔊MP3 9-08

私の意見では、学生はその方が良く学ぶと思います。
In my opinion, I think students will learn better.

個人的には、タブレットは学生の気をそらしすぎる感じがします。
Personally, I feel tablets will distract students too much.

関連フレーズ

私はタブレットが教科書にとって代わるべきだと思います。
I think tablets should replace textbooks.

学生はその方が良く学ぶと確信しています。
I believe students will learn better.
I'm convinced that students will learn better.

➡ convince は「確信させる、納得させる」の意味。be convinced で「納得する、確信する」。I am sure ～もほぼ同じく「～と確信している」の意味。

学生はその方が良く学ぶように感じます。
I feel that students will learn better.

あえて言うなら、学生はその方が良く学ぶでしょう。
I would say that students will learn better.

その方が学生が良く学ぶと言わざるを得ません。
I must say that students will learn better.

私の考えはこうです。
Here's what I think.

Unit 9 会議の英会話

Let's Try 1 日本語を参考に下線部を埋めてみましょう。

A：私はタブレットが教科書にとって代わるべきだと思います。
　　I _____ replace textbooks.

B：なぜそう思うのですか？
　　Could you tell us why?

A：えっと、私の意見では、学生はその方が良く学べると思います。
　　Well, in _____, I _____ students will learn better.

　　タブレットの方がずっと環境に良いとも確信しています。
　　I _____ tablets are _____, too.

B：個人的には、タブレットは学生の気をそらしすぎる感じがします。
　　_____, I ___ tablets will distract students too much.

Let's Try 2 以下の意見に対し、自分の考えを述べてみましょう。

意見：**Students can learn better with tablets than textbooks.**
　　　（学生は教科書よりもタブレットを使った方が学習できる。）

SCENE 4 意見を述べる

Let's Try 1 サンプル解答

A：私はタブレットが教科書にとって代わるべきだと思います。
I think tablets should replace textbooks.

B：なぜそう思うのですか？
Could you tell us why?

A：えっと、私の意見では、学生はその方が良く学べると思います。
Well, in my opinion, I think students will learn better.

タブレットの方がずっと環境に良いとも確信しています。
I believe tablets are much more ecofriendly, too.

B：個人的には、タブレットは学生の気をそらしすぎる感じがします。
Personally, I feel tablets will distract students too much.

Let's Try 2 サンプル解答

- **Personally, I think textbooks are better for learning at school.**
  個人的には、学校で学ぶには教科書の方が良いと思います。

- **In my opinion, I think textbooks are better for learning at school.**
  私の意見では、学校で学ぶには教科書の方が良いと思います。

- **I believe textbooks are better for learning at school.**
  学校で学ぶには教科書の方が良いと確信しています。

- **I feel that textbooks are better for learning at school.**
  学校で学ぶには教科書の方が良い気がします。

Unit 9 会議の英会話

SCENE 5 確信度を表すフレーズ

I'm sure that 〜.
〜だと確信しています。

Dialogue 　🔊 MP3 9-09

A：ウェブのカスタマーケアの方が良いと確信しています。
I'm sure that web-based customer care would be better.

資金の節約になることも確かです。
I'm certain that it will save the company some money too.

B：資金の節約になるとは到底思えません。
I highly doubt that it will save money.

ウェブサイトの管理はおそらく高価でしょう。
It's quite likely that maintaining a website will be expensive.

A：それはどうでしょう。
I'm not sure if that's true.

それに、客の大多数がそちらを好む可能性があります。
And, it's possible that the majority of our customers prefer that.

語句

doubt 疑問に思う　quite とても　the majority of 〜 〜の大多数

SCENE 5 確信度を表すフレーズ

ターゲットフレーズ☆これだけは！　MP3 9-10

ウェブのカスタマーケアの方が良いと確信しています。
I'm sure that web-based customer care would be better.

ウェブのカスタマーケアの方が良いとは到底思えません。
I highly doubt that web-based customer care would be better.

→ highly は「とても」という意味。highly doubt で「とても疑っている」が直訳。

関連フレーズ

ウェブのカスタマーケアの方が良いことに疑いの余地はありません。
There is no doubt that web-based customer care would be better.

ウェブのカスタマーケアの方が良いと確信しています。
I'm certain that web-based customer care would be better.

おそらくウェブのカスタマーケアの方が良いでしょう。
It's quite likely that web-based customer care would be better.

→ quite は「かなり」の意味。likely は「おそらくそうなる」というニュアンス。possible は「そうなることがあり得る」というニュアンス。実現可能性は likely の方が高い。

ウェブのカスタマーケアの方が良いかどうか、はっきりとはわかりません。
I'm not sure if web-based customer care would be better.

ウェブのカスタマーケアの方が良い可能性はあります。
It's possible that web-based customer care would be better.

Unit 9 会議の英会話　●183

Let's Try 1 日本語を参考に下線部を埋めてみましょう。

A：ウェブのカスタマーケアの方が良いと確信しています。
I'm _____ web-based customer care would be better.

資金の節約になることも確かです。
I'm _____ it will save the company some money too.

B：資金の節約になるとは到底思えません。
I _____.

ウェブサイトの管理はおそらく高価でしょう。
It's _____ maintaining a website will be expensive.

A：それはどうでしょう。
I'm _____ that's true.

それに、客の大多数がそちらを好む可能性があります。
And, it's _____ the majority of our customers prefer that.

Let's Try 2 以下の1〜3を英語で言ってみましょう。

1. この計画がベストなものであることを確信している。
2. この計画がベストなものであるかどうかはっきりわからない。
3. この計画がベストなものであるとは到底思えない。

※計画=plan　ベストなもの=best one

184

SCENE 5 確信度を表すフレーズ

Let's Try 1 サンプル解答

A：ウェブのカスタマーケアの方が良いと確信しています。
I'm <u>sure that</u> web-based customer care would be better.

資金の節約になることも確かです。
I'm <u>certain that</u> it will save the company some money too.

B：資金の節約になるとは到底思えません。
I <u>highly doubt that</u> it will save money.

ウェブサイトの管理はおそらく高価でしょう。
It's <u>quite likely that</u> maintaining a website will be expensive.

A：それはどうでしょう。
I'm <u>not sure if</u> that's true.

それに、客の大多数がそちらを好む可能性があります。
And, it's <u>possible that</u> the majority of our customers prefer that.

Let's Try 2 サンプル解答

1. I'm sure (certain) that this plan is the best one.

2. I'm not sure if this plan is the best one.

3. I highly doubt that this plan is the best one.

Unit 9 会議の英会話

SCENE 6 メリットを説明する

There are two main advantages.
主に２つの利点があります。

Dialogue 🔊 MP3 9-11

A：あなたが提案した計画についてお話ししましょう。
I'd like to talk to you about your proposed plan.

なぜこれが良いアイディアなのかお話しくださいますか？
Can you tell me why this is a good idea?

B：もちろん。この計画には主に２つの利点があります。
Of course. There are two main advantages to this plan.

まずは、この計画をすすめれば、長期的に見て資金を節約できます。
First of all, if we go with this plan, we will save money in the long run.

２つ目は、新しいシステムは古いものよりずっと安全です。
Second, the new system is much more secure than the old one.

語句

propose 提案する　　advantage 利点　　in the long run 長期的には
secure 安全

SCENE 6 メリットを説明する

ターゲットフレーズ☆これだけは！　MP3 9-12

この計画には主に２つの利点があります。
There are two main advantages to this plan.

あなたが提案した計画についてお話ししましょう。
I'd like to talk to you about your proposed plan.

➡ ビジネスでは、I want to ～と言うよりも、I'd like to ～の方が適切な表現。

関連フレーズ

なぜこれが良いアイディアなのかお話しくださいますか？
Can you tell me why this is a good idea?

なぜこれが良いアイディアだと思われるのですか？
Why do you think this is a good idea?

それにはいくつかの重要な利点があります。
It has some important advantages.

➡ advantage「利点」、disadvantage「欠点、不利な点」

これにはいくつかの大きな利点があります。
There are some great benefits to this.

これは色んな意味で私たちに利益をもたらします。
This will benefit us in many ways.

この計画をすすめれば、長期的に見て資金を節約できます。
If we go with this plan, we will save money in the long run.

Unit 9 会議の英会話

Let's Try 1 日本語を参考に下線部を埋めてみましょう。

A：あなたが提案した計画についてお話ししましょう。
I'd like _____ your proposed plan.

なぜこれが良いアイディアなのかお話しくださいますか？
Can _____?

B：もちろん。この計画には主に２つの利点があります。
Of course. There _____.

まずは、この計画をすすめれば、長期的に見て資金を節約できます。
_____, if we go with this plan, we will _____.

２つ目は、新しいシステムは古いものよりずっと安全です。
_____, the new system is _____ the old one.

Let's Try 2 下線部に自分の考えを入れ、以下のやりとりを英語でしてみましょう。

A：Can you tell me why living in Tokyo is a good idea?
（東京に住むのがなぜ良いアイディアなのか教えていただけますか？）

B：もちろん。主に２つの利点があります。
まずは、_____。
２つ目は、_____。

188

SCENE 6 メリットを説明する

Let's Try 1 サンプル解答

A：あなたが提案した計画についてお話ししましょう。
I'd like to talk to you about your proposed plan.

なぜこれが良いアイディアなのかお話しくださいますか？
Can you tell me why this is a good idea?

B：もちろん。この計画には主に２つの利点があります。
Of course. There are two main advantages to this plan.

まずは、この計画をすすめれば、長期的に見て資金を節約できます。
First of all, if we go with this plan, we will save money in the long run.

２つ目は、新しいシステムは古いものよりずっと安全です。
Second, the new system is much more secure than the old one.

Let's Try 2 サンプル解答

A：**Can you tell me why living in Tokyo is a good idea?**

B：**Of course. There are two main advantages.**
First of all (First), Tokyo is a very convenient city.
まずは、東京はとても便利な街だということです。

Second, you can meet many interesting people.
２つ目は、おもしろい人たちにたくさん出会えることです。

Unit 9 会議の英会話　●189

SCENE 7　即答を避ける

I can't give you an answer right now.
今すぐにはお答えできません。

Dialogue　🔊 MP3 9-13

A：試作品についての私のメールを読んでいただけましたか？
Did you get my email about the prototype?

言いましたように、今月中に出来上がるかどうかを知りたいのですが。
As I mentioned, I need to know if you can finish it by the end of this month.

B：ええ、メールは読みましたよ。
Yes, I did read your email.

しかし…今すぐにはお答えできません。
But…I can't give you an answer right now.

A：いつお答えをいただけるのか教えてもらえますか？
Can you tell me when I can expect an answer?

B：それはちょっと難しいです。
I'm not sure if I can do that.

語句

prototype 試作品　　right now 今すぐに　　expect 予期する

SCENE 7 即答を避ける

ターゲットフレーズ☆これだけは！ 🔊MP3 9-14

今すぐにはお答えできません。
I can't give you an answer right now.

それはちょっと難しいです。
I'm not sure if I can do that.

関連フレーズ

いつお答えをいただけるのか教えてもらえますか？
Can you tell me when I can expect an answer?

もっと考える時間が必要です。
I need more time to think about it.

この件についてまだ話し合っている最中です。
We are still discussing this issue.

決断できるよう、全力を尽くします。
I will do my best to make up my mind.

➡ make up one's mind は decide「決定する」とほぼ同じ意味。

できるだけ早くご連絡します。
You will hear from me as soon as possible.

うまくいけば、1週間後にはお答えできるかと思いますが。
Hopefully, I'll be able to give you an answer in one week.

➡ hopefully「うまくいけば、願わくば」。in one week は「1週間後」という意味。「1週間以内」という意味ではない。

月曜日までなら、いいですよ。
As long as it's by Monday, that's fine.

Unit 9 会議の英会話

Let's Try 1 日本語を参考に下線部を埋めてみましょう。

A：試作品についての私のメールを読んでいただけましたか？
Did you _____ the prototype?

言いましたように、今月中に出来上がるかどうかを知りたいのですが。
As I _____, I need to know if you can finish it by the end of this month.

B：ええ、メールは読みましたよ。
Yes, I did read your email.

しかし…今すぐにはお答えできません。
But…I _____.

A：いつお答えをいただけるのか教えてもらえますか？
Can you _____?

B：それはちょっと難しいです。
I'm _____.

Let's Try 2 回答を相手に待ってもらうためのフレーズを3つ英語で言ってください。

192

SCENE 7 即答を避ける

Let's Try 1 サンプル解答

A：試作品についての私のメールを読んでいただけましたか？
Did you <u>get my email about</u> the prototype?

言いましたように、今月中に出来上がるかどうかを知りたいのですが。
As I <u>mentioned</u>, I need to know if you can finish it by the end of this month.

B：ええ、メールは読みましたよ。
Yes, I did read your email.

しかし…今すぐにはお答えできません。
But…I <u>can't give you an answer right now</u>.

A：いつお答えをいただけるのか教えてもらえますか？
Can you <u>tell me when I can expect an answer</u>?

B：それはちょっと難しいです。
I'm <u>not sure if I can do that</u>.

Let's Try 2 サンプル解答

・**I can't give you an answer right now.**
今すぐにはお答えできません。

・**I need more time to think about it.**
もっと考える時間が必要です。

・**We are still discussing this issue.**
この件についてまだ話し合っている最中です。

・**You will hear from me as soon as possible.**
できるだけ早くご連絡します。

Unit 9 会議の英会話　●193

SCENE 8　要求をソフトに断る

Unfortunately, I don't think I can 〜.
残念ながら、〜できないと思います。

Dialogue　🔊MP3 9-15

A：それで、市場調査は実施していただけそうですか？
So, do you think you can conduct the market survey?

B：ええっと…残念ながら、調査を1か月では完了できないと思います。
Well... unfortunately, I don't think I can complete the survey in one month.

A：6週間あればどうですか？
What if you had six weeks?

B：本当に申し訳ないのですが、この調査のお手伝いは無理です。
I'm really sorry, but I just cannot help you with this survey.

最低でも2か月いただけませんか？
Can you give me two months at least?

A：うーん…。考えさせてください。
Umm…. Let me think about it.

語句

conduct 実施する　　unfortunately 残念ながら　　complete 完了する

SCENE 8　要求をソフトに断る

ターゲットフレーズ☆これだけは！　MP3 9-16

残念ながら、調査を完了できないと思います。
Unfortunately, I don't think I can complete the survey.

➡ Unfortunately, I cannot complete the survey. でも良い。I don't think I can complete the survey. の方がややソフトなニュアンスになる。

6週間あればどうですか？
What if you had six weeks?

➡ what if ～?「もし～だったらどうなりますか？」という意味。仮定する表現。What would happen if you had six weeks? を短縮した言い方。

関連フレーズ

残念ながら、調査を完了することはできません。
I'm afraid I can't complete the survey.

本当に申し訳ないのですが、この調査のお手伝いは無理です。
I'm really sorry, but I just cannot help you with this survey.

今大きなプロジェクトに取り組んでいるところです。
I'm working on a big project at the moment.

6週間では時間が足りません。
Six weeks is not enough time for me.

2か月いただければ可能かも知れません。それでも良いですか？
Maybe if I had two months. Is that acceptable?

他の人に頼んでもらえますか？
Could you ask someone else?

何か他にお手伝いできることがあればお知らせください。
Let me know if I can help you with anything else.

Let's Try 1 日本語を参考に下線部を埋めてみましょう。

A：それで、市場調査は実施していただけそうですか？
So, do you think _____?

B：ええっと…残念ながら、調査を1か月では完了できないと思います。
Well... _____, I _____ complete the survey in one month.

A：6週間あればどうですか？
_____ you had six weeks?

B：本当に申し訳ないのですが、この調査のお手伝いは無理です。
I'm _____, but I just _____ this survey.

最低でも2か月いただけませんか？
Can you _____?

A：うーん…。考えさせてください。
Umm….Let _____.

Let's Try 2 あなたは同僚から報告書を仕上げるように頼まれましたが、断りたいと考えています。（　　　）の語を参考に、以下の1〜3の内容を英語で言ってみましょう。

1．申し訳ないが、報告書は仕上げられないと思う（**finish the report**）

2．今、金曜日の会議の準備で忙しい（**busy, preparing for the meeting**）

3．他に何か手伝えることがあれば知らせて

196

SCENE 8 要求をソフトに断る

Let's Try 1 サンプル解答

A：それで、市場調査は実施していただけそうですか？
So, do you think you can conduct the market survey?

B：ええっと…残念ながら、調査を1か月では完了できないと思います。
Well... unfortunately, I don't think I can complete the survey in one month.

A：6週間あればどうですか？
What if you had six weeks?

B：本当に申し訳ないのですが、この調査のお手伝いは無理です。
I'm really sorry, but I just cannot help you with this survey.

最低でも2か月いただけませんか？
Can you give me two months at least?

A：うーん…。考えさせてください。
Umm….Let me think about it.

Let's Try 2 サンプル解答

1. **Unfortunately, I don't think I can finish the report.**

2. **I'm busy preparing for the meeting on Friday at the moment.**

3. **Let me know if I can help you with anything else.**

Unit 9 会議の英会話 197

SCENE 9 会議の進行役（チェアー）を務める

We are here to discuss 〜.
〜について話し合うために集まりました。

Dialogue 🔊 MP3 9-17

A：今日はキャンペーンをいつ開始するかを話し合うために集まりました。
Today, we are here to discuss when to start the campaign.

リーさん、これについてどう思いますか？
Mr. Lee, what do you think about this?

（リーさんが意見を発表する）

A：ありがとう。
Thank you.

つまり、クリスマス前に始めることが大切だとおっしゃるのですね？
So you are saying it's important that we start it before Christmas, is that correct?

残念ですが、時間です。
I'm sorry, but our time is up.

金曜日に再度会議をする、ということでいかがでしょう？
Why don't we have another meeting on Friday?

語句

discuss 話し合う　　why don't we〜? 〜してはどうでしょう？

SCENE 9 会議の進行役（チェアー）を務める

ターゲットフレーズ☆これだけは！　🔊 MP3 9-18

今日はキャンペーンをいつ開始するかを話し合うために集まりました。
Today, we are here to discuss when to start the campaign.

これについてどう思いますか？
What do you think about this?

➡ What do you think of this? でも良い。

関連フレーズ

これについてあなたの意見は？
What's your opinion on this?

➡ opinion on 〜で「〜に関する意見」という意味。opinion about 〜でも良い。

つまりあなたは、AはBだとおっしゃるのですね、合っていますか？
So you are saying A is B, is that correct?

金曜日に再度会議をする、ということでいかがでしょう？
Why don't we have another meeting on Friday?

プランAでいくことに決定いたしました。
So we decided that we will go with plan A.

何か他に付け足したい方はいらっしゃいますか？
Does anybody else have anything to add?

残念ですが、時間です。
I'm sorry, but our time is up.

お集まりいただきありがとうございました。
Thank you for your cooperation and contribution.

Unit 9 会議の英会話　● 199

Let's Try 1 日本語を参考に下線部を埋めてみましょう。

A：今日はキャンペーンをいつ開始するかを話し合うために集まりました。
Today, we _____ when to start the campaign.

リーさん、これについてどう思いますか？
Mr. Lee, what _____?

（リーさんが意見を発表する）

ありがとう。
_____.

つまり、クリスマス前に始めることが大切だとおっしゃるのですね？
So _____ it's important that we start it before Christmas, is that _____?

残念ですが、時間です。
I'm _____, but _____.

金曜日に再度会議をする、ということでいかがでしょう？
Why _____ on Friday?

Let's Try 2 以下の「議題」と「仮案」があると仮定し、会議の進行役（チェアー）として会議を開始してください。

意見：どこに工場を開設するか？

仮案：今のところ上海かシンガポールという案がある

SCENE 9 会議の進行役（チェアー）を務める

Let's Try 1 サンプル解答

A：今日はキャンペーンをいつ開始するかを話し合うために集まりました。
Today, we are here to discuss when to start the campaign.

リーさん、これについてどう思いますか？
Mr. Lee, what do you think about this?

（リーさんが意見を発表する）

ありがとう。
Thank you.

つまり、クリスマス前に始めることが大切だとおっしゃるのですね？
So you are saying it's important that we start it before Christmas, is that correct?

残念ですが、時間です。
I'm sorry, but our time is up.

金曜日に再度会議をする、ということでいかがでしょう？
Why don't we have another meeting on Friday?

Let's Try 2 サンプル解答

Today, we are here to discuss where we should establish our factory.
So far, we have two ideas; Shanghai and Singapore.
So, what's your opinion on this? Which location do you think will be better?

今日集まったのは工場をどこに開設すべきかを話し合うためです。
今のところ、2つの案があります。上海とシンガポールです。
では、ご意見をお聞かせ願えますか？ どちらの場所が良いと思いますか？

Toyoko先生とCoffee Break！

助動詞を使いこなそう！

助動詞は、英語において大きな役割を持ちます。以下は基本的な助動詞です。会話の中で適切に使えるようにしましょう！

① will ＝ (1) ～だろう　(2) ～するつもりである
(1) His plane will arrive soon.
　彼の飛行機はもうすぐ到着するだろう。《単純に未来のことについて話す》
(2) I'll come with you.
　一緒に行きます。《その場で決めた意思》
＊"be going to"は、前もって予定されていた未来について話す場合に使う。
I'm going to Hokkaido on business tomorrow.（明日、出張で北海道に行きます。）

② can ＝ (1) ～できる　(2) ～することが可能だ　(3) ～であり得る
(1) He can speak Japanese.
　彼は日本語が話せる。《能力》
(2) You can smoke in this room.
　この部屋で喫煙しても良いですよ。《許可》
(3) It can be a little difficult.
　少し難しいかも知れません。《可能性》

③ may ＝ (1) ～してもよい　(2) ～かもしれない
(1) You may go now.
　もう行ってもいいですよ。《許可》
(2) The plan may change.
　計画は変わるかもしれない。《推量》

④ should ＝ (1) ～すべきだ　(2) ～はずだ
(1) You should study harder if you want to pass the exam.
　試験に合格したければもっと一所懸命勉強すべきだ。《義務》
(2) They should be here soon.
　彼らはもうすぐ来るはずだ。《当然の推量》

⑤ must ＝ (1) ～しなければならない　(2) ～にちがいない
(1) I must finish this report tonight.
　今夜この報告書を仕上げなければならない。《主観的な必然性》
(2) She must be sick.
　彼女は病気に違いない。《当然の推定》
＊have to は「～せざるを得ない」という、外的要因の必要性を伝える。

■ おわりに

　私は企業や大学で、ビジネス英会話や英文ビジネスEメール、英語プレゼンテーション等、様々な英語研修指導を行っています。
　そして、いつもひしひしと感じるのは、受講されている皆様の「英語で自由に会話ができるようになりたい！」という熱い思いです。

　「ネイティブスピーカーと英語で自由に楽しく話している自分」、「英語で活発に意見を交わしている自分」など、そういう姿をイメージしながら、研修に熱心に取り組んでくださる皆様のお気持ちに、何とかお応えしたくてこの本を執筆することにしました。

　本書は勉強のためではなく『実用としての英会話』にこだわり制作しました。「これは使える！」「それが知りたかった！」と、少しでも思っていただくことができれば、英語教育に携わる私にとって、何にも代えがたい喜びです。

島村　東世子

シーン別お役立ちフレーズ Index

初対面でのあいさつ

日本語	English	ページ
ようこそABCコーポレーションへ！	Welcome to ABC Corporation!	11
はじめまして。	Nice to meet you.	10
私の名前はサイトウケイコです。	My name is Keiko Saito.	10
ケイコと呼んでください。	Please call me Keiko. / You can call me Keiko.	10,11
企画部のシマムラトヨコです。	I'm Toyoko Shimamura from the Planning Division.	11
私はイーグローブのCEOです。	I am the CEO of Eglobe.	15
私は企画部に所属しています。	My position is in the Planning Division.	15
あなたの部署は？	What department are you in?	15
あなたのお仕事は何ですか？	What do you do?	15
私はABC社の営業部で働いています。	I work at the Sales Department of ABC Company.	11
私は総務部にいます。	I'm in the General Affairs Department.	11
久しぶり。お元気ですか？	Long time no see. How are you doing?	11
私はずっと元気ですよ。あなたは？	I've been doing well. How about you?	11
以前お会いしたことがあると思います。	I think we have met before.	11
どうぞお座りください。	Please have a seat.	14,15
また会えて嬉しいです。	It's nice to see you again.	18
こちらは私の同僚のステイシー・カーターです。	This is my colleague Stacey Carter.	18,19
私の同僚のステイシー・カーターを紹介させていただけますか？	May I introduce my colleague Stacey Carter?	19
私の同僚のステイシー・カーターにはお会いになりましたか？	Have you met my colleague Stacey Carter?	19
彼女（彼）ならどんな質問にも答えてくれるはずですよ。	I'm sure she (he) will be able to answer any questions you may have.	18,19
やっとお会いできて嬉しいです。	I'm happy to finally meet you.	19
お噂は聞いています。	I've heard a lot about you.	19
一緒にお仕事ができるのを楽しみにしています。	I'm looking forward to working with you.	19

スモールトーク（世間話）

日本語	English	ページ
フライトはいかがでしたか？	How was your flight?	22,23

とても快適でした、ありがとう。	It was very comfortable, thank you.	22,23
まあまあでした。	It was OK.	23
時差ぼけは治りましたか？	Have you got over your jetlag?	22,23
（まだ完全ではないですが、）今朝は気分がとても良いです。	(Not quite yet, but) I'm feeling pretty good this morning.	22,23
聞いてくださってありがとう。	Thank you for asking.	22
ストックホルムから東京まで何時間のフライトですか？	How long is a flight from Stockholm to Tokyo?	23
どのエアラインを使われましたか？	Which airline did you fly with?	23
カナダでは今、どのような気候ですか？	What's the weather like in Canada now?	26,27
もうずいぶん寒いです。	It's already very cold.	26,27
とても暑くてムシムシしています。	It's very hot and humid.	27
暖かくて気持ちいいです。	It's nice and warm.	27
今は、猛暑です。	It's scorching weather at the moment.	27
あ、そうなんですか？	Oh, is it?	26,27
この辺ではあまり雪は降りません。	We don't get much snow around here.	27
私はここの気候の方が好きです。	I prefer the climate here.	26,27
日本は初めてですか？	Is this your first visit to Japan?	30,31
日本はいかがですか？	How do you like Japan?	30,31
今のところ、いい感じです。	So far so good.	30,31
特にここの食べ物が気に入っています。	I especially love the food here.	30
それは良かった。	I'm happy to hear that.	30,31
日本での滞在を楽しんでくださいね！	Please enjoy your stay in Japan!	30,31
大阪は初めてですか？	Is this your first time in Osaka?	31
いえ、2度目です。	No, it's my second time.	31
2年ぶりにここに来ました。	It's been two years since I was here.	31
京都に行かれたことはありますか？	Have you ever been to Kyoto?	31

相槌を打つ

なるほど。	I see.	36,37
それは残念ですね。	That's too bad.	36,37
そうですか。	Right.	37
ふむふむ。	Uh-huh.	37

そうなんですか？	Is that right?	37
本当ですか？	Really?	37
それはいいですね。	That sounds nice.	37
それはおもしろそうですね。	That sounds exciting.	37
それは楽しそうですね。	That sounds like fun.	37

間を持たせる・繰り返しを求める

ええっと…	Well… / Um…	40,41
え？（何とおっしゃいました？）	Pardon? / Sorry?	40,41
もう一度おっしゃっていただけますか？	Could you say that again? / Could you repeat that?	41
聞き取れませんでした。	I couldn't hear what you said.	41
もう少しゆっくりお願いできますか？	Could you speak more slowly?	41
もうちょっと大きな声で言っていただけますか？	Could you speak louder?	41

話をふる・語の説明を求める

あなたは？	How about you? / What about you?	44,45
"カウチポテト"とはどういう意味ですか？	What do you mean by "couch potato"?	44,45
"カウチポテト"とは何ですか？	What's "couch potato"?	45
その言葉（の意味）はわからないです。	I don't know that word.	45
野菜のようなものですか？	Is it like a vegetable?	45
違う言い方をしていただけますか？	Could you put it another way?	45
すみませんが、あなたの言ったことがわかりません。	I'm sorry, I don't understand what you said.	45

再度説明する・相手の言った意味を確認する

つまり、有給休暇です。	I mean paid holidays. / What I mean is paid holidays.	48,49
私が言いたかったのはつまり、有給休暇です。	What I meant to say was paid holidays.	49
説明させてください。	Let me explain.	49
言いなおさせてください。	Let me rephrase.	49
私の言いたいことがわかっていただけますか？	Do you know what I mean?	49
有給休暇のことですか？	You mean paid holidays?	48,49

有給休暇、という意味ですね？	You mean paid holidays, right?	49
有給休暇、ですね？	It's paid holidays, right?	49

受付で用件を伝える・たずねる

ご用件をお伺いしましょうか？	How can I help you?/ May I help you?	54,55
営業部のタナカさんと約束しています。	I have an appointment with Mr. Tanaka in the Sales Department.	54,55
お約束のお時間は？	What time is your appointment?	54,55
はい、確認します。	OK, let me check.	54
内線231でタナカさんに電話してください。	Please call Mr. Tanaka at extension 231.	54
あなたのお名前を教えていただけますか？	Can I have your name, please?	55
タナカは二人います。彼の下の名前はご存知ですか？	We have two Tanaka's. Do you know his first name?	55
彼（彼女）の部署はおわかりになりますか？	Do you know which section he (she) is in?	55

訪問客を部屋へ案内する

こちらへどうぞ。	This way, please.	58,59
ここに座ってしばらくお待ちください。	Please have a seat and wait a moment.	58,59
来られたことを伝えてきます。	I'll tell him (her) you are here.	58,59
お待ちの間にお水か日本茶はいかがですか？	Would you like some water or Japanese tea while you're waiting?	58,59
タナカはすぐに参ります。	Mr. (Ms.) Tanaka will be here in a moment.	59
何かお飲み物はいかがですか？	Would you like something to drink?	59
コーヒー、日本茶、お水があります。何がよろしいですか？	We have coffee, Japanese tea, and water. What would you like?	59

部屋への行き方をたずねる・教える

すみません、営業部にはどう行けばいいか教えていただけますか？	Excuse me, could you tell me how to get to the Sales Department?	62,63
エレベータで2階へ上がってください。	Take the elevator to the second floor.	62,63
エレベータを降りたら左へ曲がってください。	When you get out of the elevator, turn left.	62
まっすぐ行ってください。	Keep going straight.	62
左手（右手）にあります。	It's on your left (right).	62,63
廊下をまっすぐ行ってください。	Please go down the hall.	63

階段で3階へ上がってください。	Please take the stairs to the third floor.	63
エレベータは廊下の突き当たりにあります。	The elevator is at the end of the hall way.	63
コピー室の隣にあります。	It's next to the copy room.	63
コピー室の向かいにあります。	It's across from the copy room.	63

電話をかける・受ける

はい、ABC社です。	Hello, ABC Company.	68
ABC社、ジョンでございます。	ABC Company, John speaking.	69
もしもし。私はイーグローブのサナダヨウコです。	Hello. My name is Yoko Sanada from Eglobe.	68
ロジャースさんはいらっしゃいますか？	Could I speak to Mr. (Ms.) Rogers, please？	68,69
彼がどの部署かおわかりですか？	Do you know which section he is in？	68
マーケティング部のロジャースさんでしょうか？	You mean Mr. (Ms.) Rogers in the Marketing Department？	69
少々お待ちください。	One moment, please.	68,69
内線321番をお願いします。	Extension 321, please.	69
御社名を教えていただけますか？	What company are you from？	69
日本語を話せる方はいらっしゃいますか？	Do you have someone who speaks Japanese？	69

電話で不在を伝える

申し訳ございませんが、彼（彼女）は今、社内におりません。	I'm sorry, but he (she) is not in the office right now.	72,73
彼（彼女）は今、席を外しております。	He (She) is not at his (her) desk right now.	73
彼（彼女）は今、来客中です。	He (She) has a guest at the moment.	73
彼（彼女）は他の電話に出ています。	His (Her) line is busy.	73
彼（彼女）は今、会議中です。	He (She) is in a meeting right now.	73
かけなおす、と言っております。	He (She) says he'll (she'll) call you back.	73
彼（彼女）は今、昼休みです。	He (She) is on his (her) lunch break right now.	73
彼（彼女）は休暇中です。	He (She) is on vacation.	76,77
彼（彼女）は退社いたしました。	He (She) has left for the day.	77
彼（彼女）は今、出張に出ております。	He (She) is on a business trip now.	77

彼（彼女）は今日、お休みをいただいております。	He (She) is off today.	77
彼（彼女）は木曜まで不在です。	He (She) is away until Thursday.	77
かけなおさせましょうか？	Should I have him (her) call you back?	72,73
彼（彼女）の携帯ならつながるかも知れません。携帯番号はご存知ですか？	You might be able to reach him (her) on his (her) cell phone. Do you know his (her) cell number?	77

不在者がいつ戻るかたずねる・伝える

いつ戻られますか？	When will he (she) be back?	76
3時ごろに戻ります。	He (She) will be back around 3 o'clock.	72,73
月曜に戻ります。	He (She) will be back on Monday.	77
彼（彼女）は木曜まで不在です。	He (She) is away until Thursday.	77

電話で伝言を預かる・たのむ

伝言を承りましょうか？	Would you like to leave a message?	80,81
私から電話があったことを伝えていただけますか？	Could you tell him (her) that I called?	77
明日の午後にお電話くださいと伝えてください。	Please tell him to call me tomorrow afternoon.	80
わかりました。彼に番号を伝えます。	OK. I'll give him your number.	80
電話番号を教えていただけますか？	Could I have your number, please?	80,81
もう一度お名前を教えていただけますか？	Could I have your name again, please?	81
ラストネームのスペルを教えていただけますか？	Could you spell your last name, please?	81
ShipのSですね？	S as in Ship?	81
彼（彼女）に伝えておきます。	I'll give him (her) your message.	81
お電話があったことを彼（彼女）に伝えておきます。	I'll let him (her) know you called.	81

ホテルの予約をする

11月15日から17日まで、シングルルームを一部屋予約したいのですが。	I'd like to reserve a single room from November 15th to 17th.	86,87
11月15日から17日までで部屋は空いていますか？	Do you have a room available from November 15th to 17th?	87
禁煙の部屋をお願いします。	I would like a non-smoking room.	87
ダブルルームは一晩おいくらですか？	How much is a double room per night?	87

日本語	English	ページ
ダブルルームにします。	I will take a double room.	86,87
朝食は値段に含まれていますか？	Is breakfast included in the price？	87
他の場所をあたってみます。ありがとう。	I think I will try somewhere else. Thank you.	87
ちょっと検討してからまたかけます。	Let me think about it, and I will call you back.	87

空港へ迎えに来てもらう・迎えに行くアレンジをする

日本語	English	ページ
私のシカゴへの出張について電話したのですが。	I'm calling about my business trip to Chicago.	90
いつ到着しますか？	When do you arrive？	90
7月15日の午後4時に到着します。	I arrive on July 15th, at 4 pm.	90,91
空港へ迎えに来てもらえますか？	Can you meet me at the airport？ Can you get me at the airport？	90,91
いいですよ。到着ゲートで待っています。	Sure. I'll be at the arrival gate.	90
私のフライトナンバーはAS052です。	My flight number is AS052.	91
フライトの詳細をメールしてもらえますか？	Can you email me the flight details？	90
私のフライトの詳細をメールします。	I'll email you my flight details.	91
私のフライトスケジュールを送ります。	I'll send you my flight schedule.	91
バスはどこで乗れますか？	Where can I take the bus？	91
助けてくれてありがとう。	Thank you for your help.	91

初対面の人と空港で会う

日本語	English	ページ
すみません、ジョンソンさんですか？	Excuse me, are you Mr. Johnson？	94,95
イシダさんですね。	You must be Ms.(Mr.) Ishida.	94,95
いえ、人違いですよ。	No, you have the wrong person.	95
すみません、間違えました。	I'm sorry, my mistake.	95
空港へ迎えに来ていただきありがとうございます。	Thank you for coming to meet me at the airport.	94
荷物を1つお持ちしましょう。	Let me carry one of your bags.	94,95
これを持っていただけますか？	Could you take this one？	95
外で車を待たせてあります。	We have a car waiting outside.	94
私のフライトが(予定より)遅くなりました。	My flight was delayed.	95
私のフライトが(予定より)早く到着しました。	My flight arrived early.	95

シーン別お役立ちフレーズ Index ● 211

買い物できる場所を確認する・教える

この近辺ではどこで買い物ができますか？	Where can I go shopping around here?	98,99
おみやげはどこで買えますか？	Where can I buy some souvenirs?	99
おみやげを売っているお店はありますか？	Is there a store that sells souvenirs?	98,99
ダウンタウンにショッピングモールがありますよ。	There is a shopping mall downtown.	98
2階にギフトショップがあると思います。	I think there is a gift shop on the second floor.	98
あなたのホテルから歩いてたった5分です。	It's only 5 minutes' walk from your hotel.	98
そのお店は何時に開店しますか？	What time does the store open?	99
そのお店は何時に閉店しますか？	What time does the store close?	99
家族には何を買ったらいいでしょう？	What should I get for my family?	99
何かおすすめはありますか？	Do you have any recommendations?	99

滞在中の手助けを申し出る

日本にはどれくらい滞在するのですか？	How long are you going to stay in Japan?	104,105
良かったら、ホテルから空港までのタクシーを手配しますよ。	If you like, I can arrange a taxi from your hotel to the airport for you.	104,105
予約はされましたか？	Have you made a reservation?	105
お手伝いしましょうか？	Do you need assistance?	105
何かお手伝いできることがあればお知らせください。	Let me know if I can help you with anything.	105
助かります！ありがとう。	That would be great! Thank you.	104

観光場所をアドバイスする

滞在中のご予定は？	What are your plans during your stay?	105
日本で何かしたいことはありますか？	Is there anything you'd like to do in Japan?	105
行ってみたい場所はありますか？	Is there a place you'd like to visit?	105
神社仏閣に興味はおありですか？	Are you interested in shrines and temples?	109
清水寺はどうですか？	How about Kiyomizudera?	108,109
清水寺へ行った方がいいと思いますよ。	I think you should go to Kiyomizudera.	109
とても人気のスポットですよ。	It's a very popular spot.	108,109
行かれたことはありますか？	Have you ever been there?	109
そのお寺からの景色はすばらしいですよ。	The view from the temple is amazing.	108

212

日本語	English	ページ
周りにも歴史的な場所がたくさんあります。	There are many historical places around there, too.	108
バス（電車）で1時間しかかかりません。	It only takes an hour by bus (train).	109
もしハイキングがお好きなら、きっと楽しめると思います。	If you like hiking, I'm sure you'll enjoy it.	109
英語を話すガイドがいると思います。	I think there is an English speaking guide.	109

食べ物の好みをたずねる

日本語	English	ページ
日本にいる間に食べたいものは何かありますか？	Is there anything you'd like to eat while you are in Japan?	112,113
アレルギーはありますか？	Do you have any allergies?	112,113
牛乳アレルギーです。	I'm allergic to milk.	112,113
焼肉を試してみますか？	Would you like to try Yakiniku?	112
焼肉は食べたことはありますか？	Have you ever tried Yakiniku?	113
お寿司屋さんに行くのもいいかも知れませんね。	Maybe we can go to a Sushi restaurant.	113
生の魚は大丈夫ですか？	Are you OK with raw fish?	113
すごくおいしいお寿司屋さんを知っています。	I know a great Sushi restaurant.	113
すみませんが、生の魚は食べられません。	I'm sorry, but I can't eat raw fish.	113
お肉とシーフード、どちらがお好きですか？	Which do you like better? Meat or seafood?	113

食事等に誘う・待ち合わせ場所等を決める

日本語	English	ページ
明日のご予定は？	What are you doing tomorrow?	116
明日、お時間はありますか？	Are you free tomorrow?	117
夕食に行きませんか？	Shall we go out for dinner?	116,117
コーヒーでも飲みに行きましょう。	Let's go for some coffee.	117
明日は予定があります。土曜日はどうですか？	I have plans tomorrow. How about Saturday?	117
どこで待ち合わせましょうか？	Where shall we meet?	116,117
ABCビルの前はどうですか？	How about (What about) in front of the ABC building?	116,117
ABCビルの前で6:30に待ち合わせましょう。	Let's meet in front of the ABC building at 6:30.	117
どこにあるかわかりますか？	Do you know where it is?	117

シーン別お役立ちフレーズ Index ● 213

何時がいいですか？	What time would be good for you?	116,117

レストランでの会話

メニューをどうぞ。	Here is a menu.	120,121
飲み物はいかがですか？	How about a drink? Would you like a drink?	120,121
グラスビールをお願いします。	I'll have a glass of beer, please.	120
メインは何にしますか？	What would you like for the main course?	120,121
私も同じものにします。	I'll have the same.	120,121
グラスビール（ワイン）にします。	I'd like a glass of beer（wine）.	121
おいしそうですね。	It looks delicious.	120
すごくおいしいらしいですよ。	I've heard it's really good.	121
これが今日のおすすめ品です。	This is today's special.	121
お味は大丈夫ですか？	Does everything taste OK?	121
ビールをもう一杯か、コーヒーをいかがですか？	Would you like another beer or some coffee?	124,125
そろそろ出た方がいいですね。	I think we should be going.	124
遅くなってしまいましたね。	It's getting late.	124,125
またいつかご一緒しましょう。	Let's do it again sometime.	124,125
またいつかご一緒したいですね。	I'd love to do this again sometime.	125
いいですね。	That would be nice.	125
すてきなディナーでした。ありがとうございました。	It was a wonderful dinner. Thank you.	124
全部おいしかったです。	Everything tasted great.	125
お気をつけて！	Take care!	124,125
おやすみなさい。	Have a good night.	125
ご家族によろしくお伝えください。	Please say hello to your family.	125

自社を紹介・アピールする

少し会社についてお話しさせてください。	Let me tell you a little bit about the company.	130,131
では、会社のプロフィールをお話しさせてください。	Now, let me give you our company profile.	131
わが社は1987年に設立されました。	We were founded in 1987. We were established in 1987.	130,131
本社は大阪市にあります。	The headquarters is located in Osaka city.	131

当初は小さな引っ越し会社としてスタートしました。	We started as a small moving company.	131
つまり、業界で30年近い経験があります。	That means we have almost 30 years of experience in the industry.	130,131
30年間、大阪府の人々にサービスを提供してまいりました。	We have been serving the people in Osaka for 30 years.	131
現在、日本に支社が8か所、ヨーロッパに3か所あります。	At the moment, we have eight branches in Japan and three in Europe.	131
どのような製品を取り扱っていますか。	What kind of products do you handle?	134,135
電子レンジやエアコンといった幅広い製品を取り扱っています。	We handle a wide variety of products, such as microwaves, air conditioners and so on.	134,135
PCや周辺機器も提供していますよ。	We offer PCs and peripheral devices, too.	134,135
家電を取り扱っています。	We deal with home appliances.	135
様々なアイテムを取り揃えております。	We carry a variety of items.	135
家電製品を輸出しています。	We export home appliances.	135
プロによるすばらしいアフターサービスを提供しています。	We provide an excellent after-sales service by experts.	135
私たちはわが社の製品を日本では2,000社へ流通させています。	We distribute our products to 2,000 companies in Japan.	135
わが社のポリシーはあらゆる方法でお客様のお手伝いをすることです。	Our policy is to help our customers in every way we can.	138,139
わが社の目標は製造業界の発展に貢献することです。	Our goal is to contribute to the development of manufacturing industry.	142
質の高いわが社のサービスを誇りに思っています。	We are proud of our quality services.	138,139
お客様から高い評価を受けてきました。	We have been getting a high reputation from our customers.	138,139
お客様の信頼を得てきました。	We have gained trust from our customers.	139
建設業界で私たちの商品は幅広く使われています。	Our products are widely used in construction industry.	139
より良いサービスを提供し続けられるよう心がけています。	We aim to keep providing a better service.	139
私たちは常にお客様のニーズにお応えできます。	We are always prepared to meet customers' needs.	139
独自の市場戦略が私たちの強みです。	Our strength is in our unique marketing strategy.	139
ロジスティックスの面では大きな強みがあります。	We have a big advantage in terms of logistics.	139

シーン別お役立ちフレーズ Index ● 215

最近、ソーラーパネルの開発を始めました。	Recently, we've started developing solar panels.	142,143
ソーラーパネルの開発を始めたところです。	We've just started developing solar panels.	143
わが社の工場を太陽光発電で運転しようと計画中なんです。	We are planning to run our factory on solar power.	142,143
来年の早い時期に新しいプロジェクトを立ち上げます。	We are going to launch a new project early next year.	143
来月には新商品が市場に出るでしょう。	We expect the new product to be in the market next month.	143
ドイツの会社と2013年にジョイントベンチャーを立ち上げました。	We've established a joint venture with a German company in 2013.	143
現在は"グリーン・プロジェクト"に取り組んでいます。	We are working on "Green Project" at the moment.	143
11月には次段階に移行します。	We will move on to the next phase in November.	143

セールストーク（商品を売る）

何か特別なものをお探しですか？	Are you looking for something in particular?	149
このモデルはスクリーンが大きいのでとても人気です。	This model is very popular because it has a big screen.	148,149
このモデルはシリーズの中でも最小なので一番人気があります。	This model is the most popular because it's the smallest in the series.	149
こちらのモデルの方がお気に召されるかも知れません。	You might like this one better.	148,149
スクリーンが大きいのでこれをおすすめします。	I would recommend this one because it has a big screen.	149
これは気に入っていただけると思います。	I think you'll like this one.	149
あなたの業種の方専用にデザインされています。	This is specially designed for people in your business.	149
こちらをご覧になられますか？	Would you like to look at this one?	149
このプリンターにはどのような機能がありますか？	What features does this printer have?	152,153
このプリンターの機能を教えていただけますか？	Can you tell me the features of this printer?	153
まず、〜です。2つ目は、〜です。	First, 〜. Second, 〜.	152,153
たくさんの機能がありますよ。	It has many features.	153
詳細（仕様）をお話しいたしましょう。	Let me give you the details (specifications).	153

このプリンターの特徴はタッチパネルです。	This printer features a touch panel.	153
これはタッチパネルがついている唯一のプリンターです。	This printer is unique because it has a touch panel.	153
一番軽いモデルです。	It's the lightest model.	153
お気に召しましたか？	How do you like it?	156,157
どう思われますか？	What do you think?	157
ここまでで、どう思われますか？	What do you think so far?	157
よろしいでしょうか？	Does it look good to you? Does it sound good to you?	157
どのような所で迷われていますか？	What's holding you back?	156,157
何で迷われていますか？	What's stopping you?	157
ご心配なことは何でしょう？	What are your concerns?	157
ご質問があればお知らせください。	Please let me know if you have any questions.	157
今日買っていただければ、10％の値引きが受けられますよ。	If you buy today, you will get a 10 % discount.	160,161
では、これはどうですか？	How about this?	160,161
価格をもっと下げていただけませんか？	Can you lower the price?	161
今日契約書にサインすることで私たちが得られる特典は？	How do we benefit from signing the contract today?	161
それなら妥当ですね。	That seems reasonable enough.	161
残念ですがそれには合意できません。	I'm afraid we can't agree to that.	161
10％の値引きしかできません。	We can only offer a 10% discount.	161
15％が上限です。	15% is the maximum.	161
この件については私の上司と確認します。	Let me check with my boss about this.	161

電話会議の参加者・電話のつながりを確認する

誰がオンラインなのか確認させてください。	Let me confirm who is online.	166,167
ABCチームのみなさんは全員そろっていますか？	Is everyone from ABC team online?	166,167
まだジョンの参加を待っています。	We are still waiting for John.	167
今参加したのは誰ですか？	Who just joined?	166,167
聞こえますか？	Can you hear me?	166,167
はい、聞こえますよ。	Yes, I can hear you.	166

シーン別お役立ちフレーズ Index ● 217

聞こえません。	I can't hear you.	167
つながりが悪いようです。	We have a bad connection.	167
声が途切れています。	Your voice is breaking up.	167
かけなおさせてください。	Let me call you back.	167

賛成する・反対する・意見を述べる

あなたに賛成です。	I agree with you.	170,171
そのとおりです。	You're right.	170,171
完全に同意します。	I completely agree with you. I fully agree with you.	170,171
あなたの意見を完全に支持します。	I fully support your opinion.	171
その点については賛成ですが、ABCの方が良いかも知れません。	I agree with you on that point, but ABC might be better.	171
ある程度は賛成ですが、それでも私はABCの方が良いと思います。	I agree with you to some extent, but I still think ABC is better.	171
基本的にはあなたが正しいと思いますが、XXの面ではもっと考える必要があります。	Basically, I think you are right, but in terms of XX, we need to consider more.	171
すみませんが、反対です。	I'm sorry, but I disagree with you.	174,175
お考えはわかります（が、～）。	I see your point (, but ～).	174,175
すみませんが、その点についてはあなたに反対です。	I'm sorry, but I disagree with you on that point.	175
これについては、私は違う意見です。	I have a different opinion on this.	175
お考えは理解しますが、新年が明けてから開始するべきだと思います。	I understand your viewpoint, but I think we should start it after the New Year.	175
おっしゃる意味はわかりますが、時間がありません。	I understand what you mean, but we don't have enough time.	175
それはあまり良い考えだとは思いません。	I don't think that is a very good idea.	175
すみませんが、私はあなたの考えを受け入れることはできません。	I'm sorry, but I can't accept your idea.	175
私の意見では、学生はその方が良く学ぶと思います。	In my opinion, I think students will learn better.	178,179
個人的には、タブレットは学生の気をそらしすぎる感じがします。	Personally, I feel tablets will distract students too much.	178,179
私はタブレットが教科書にとって代わるべきだと思います。	I think tablets should replace textbooks.	179

学生はその方が良く学ぶと確信しています。	I believe students will learn better. I'm convinced that students will learn better.	179
学生はその方が良く学ぶように感じます。	I feel that students will learn better.	179
あえて言うなら、学生はその方が良く学ぶでしょう。	I would say that students will learn better.	179
その方が学生が良く学ぶと言わざるを得ません。	I must say that students will learn better.	179
私の考えはこうです。	Here's what I think.	179

確信度を表す

ウェブのカスタマーケアの方が良いと確信しています。	I'm sure that web-based customer care would be better.	182,183
ウェブのカスタマーケアの方が良いとは到底思えません。	I highly doubt that web-based customer care would be better.	183
ウェブのカスタマーケアの方が良いことに疑いの余地はありません。	There is no doubt that web-based customer care would be better.	183
おそらくウェブのカスタマーケアの方が良いでしょう。	It's quite likely that web-based customer care would be better.	183
ウェブのカスタマーケアの方が良いかどうか、はっきりとはわかりません。	I'm not sure if web-based customer care would be better.	183
ウェブのカスタマーケアの方が良い可能性はあります。	It's possible that web-based customer care would be better.	183

メリットをたずねる・説明する

あなたが提案した計画についてお話ししましょう。	I'd like to talk to you about your proposed plan.	186,187
なぜこれが良いアイディアなのかお話しくださいますか？	Can you tell me why this is a good idea?	186,187
なぜこれが良いアイディアだと思われるのですか？	Why do you think this is a good idea?	187
この計画には主に2つの利点があります。	There are two main advantages to this plan.	186,187
それにはいくつかの重要な利点があります。	It has some important advantages.	187
これにはいくつかの大きな利点があります。	There are some great benefits to this.	187
これは色んな意味で私たちに利益をもたらします。	This will benefit us in many ways.	187
この計画をすすめれば、長期的に見て資金を節約できます。	If we go with this plan, we will save money in the long run.	187

シーン別お役立ちフレーズ Index ● 219

答えを求める・即答を避ける

いつお答えをいただけるのか教えてもらえますか？	Can you tell me when I can expect an answer?	190,191
今すぐにはお答えできません。	I can't give you an answer right now.	190,191
それはちょっと難しいです。	I'm not sure if I can do that.	190,191
もっと考える時間が必要です。	I need more time to think about it.	191
この件についてまだ話し合っている最中です。	We are still discussing this issue.	191
決断できるよう、全力を尽くします。	I will do my best to make up my mind.	191
できるだけ早くご連絡します。	You will hear from me as soon as possible.	191
うまくいけば、1週間後にはお答えできるかと思いますが。	Hopefully, I'll be able to give you an answer in one week.	191
月曜日までなら、いいですよ。	As long as it's by Monday, that's fine.	191

仕事を依頼する・要求をソフトに断る

市場調査は実施していただけそうですか？	Do you think you can conduct the market survey?	194
残念ながら、調査を1か月では完了できないと思います。	Unfortunately, I don't think I can complete the survey in one month.	194
残念ながら、調査を完了することはできません。	I'm afraid I can't complete the survey.	195
本当に申し訳ないのですが、この調査のお手伝いは無理です。	I'm really sorry, but I just cannot help you with this survey.	194,195
6週間あればどうですか？	What if you had six weeks?	194,195
6週間では時間が足りません。	Six weeks is not enough time for me.	195
最低でも2か月いただけませんか？	Can you give me two months at least?	194
2か月いただければ可能かも知れません。それでも良いですか？	Maybe if I had two months. Is that acceptable?	195
今大きなプロジェクトに取り組んでいるところです。	I'm working on a big project at the moment.	195
他の人に頼んでもらえますか？	Could you ask someone else?	195
何か他にお手伝いできることがあればお知らせください。	Let me know if I can help you with anything else.	195

会議の進行をする

今日はキャンペーンをいつ開始するかを話し合うために集まりました。	Today, we are here to discuss when to start the campaign.	198,199

これについてどう思いますか？	What do you think about this?	198, 199
これについてあなたの意見は？	What's your opinion on this?	199
つまりあなたは、AはBだとおっしゃるのですね、合っていますか？	So you are saying A is B, is that correct?	199
何か他に付け足したい方はいらっしゃいますか？	Does anybody else have anything to add?	199
残念ですが、時間です。	I'm sorry, but our time is up.	198, 199
金曜日に再度会議をする、ということでいかがでしょう？	Why don't we have another meeting on Friday?	198, 199
プランAでいくことに決定いたしました。	So we decided that we will go with plan A.	199
お集まりいただきありがとうございました。	Thank you for your cooperation and contribution.	199

著者のプロフィール

島村 東世子（しまむら とよこ）
Toyoko SHIMAMURA, Ph.D.

株式会社イー・グローブ 代表取締役社長
大阪大学大学院工学研究科 非常勤講師
E-mail: shimamura@eglobe.co.jp
http://www.eglobe.co.jp/

大阪大学大学院言語文化研究科言語文化専攻
博士後期課程修了
学位：博士（言語文化学）

専門英語教育（English for Specific Purposes）の研究とともに、現在、企業、大学、研究機関にてビジネス英会話、会議の英語、英文Eメールライティング、英語プレゼンテーション等の教育・研修を行う。講演、セミナー多数。

著　書　「研究ですぐに使える理系の英文Eメール」（日刊工業新聞社）
　　　　「研究発表ですぐに使える理系の英語プレゼンテーション」（日刊工業新聞社）
　　　　「本当に役立つ英文ビジネスEメール 第2版」（日刊工業新聞社）

すぐに使えるらくらくビジネス英会話
豊富なシーンで役立つ「会話」と「フレーズ」満載！　　NDC816

2015年 7月25日　初版1刷発行
2024年10月31日　初版3刷発行

　　　　　　　　　　　　Ⓒ著　者　島　村　東　世　子
　　　　　　　　　　　　　発行者　井　水　治　博
　　　　　　　　　　　　　発行所　日刊工業新聞社

　　　　　〒103-8548　東京都中央区日本橋小網町 14-1
　　　　　　　　電話　書籍編集部　03-5644-7490
　　　　　　　　　　　販売・管理部　03-5644-7403
　　　　　FAX　03-5644-7400
　　　　　振替口座　00190-2-186076
　　　　　URL　https://pub.nikkan.co.jp/
　　　　　e-mail　info_shuppan@nikkan.tech
（定価はカバーに表示されております。）　　印刷・製本　新日本印刷（POD2）

落丁・乱丁本はお取替えいたします。　　2015　Printed in Japan
ISBN 978-4-526-07444-8

本書の無断複写は、著作権法上の例外を除き、禁じられています。

本当に役立つ
英文ビジネスEメール

島村東世子　著

1800円＋税　Ａ５判　216頁
ISBN 978-4-526-05431-0

英文でのビジネスEメールを、自信を持って作れるようになるためのさまざまなポイントをまとめた一冊。英文Eメールの構成・ロジックをはじめ、実際のビジネスシーンでよく使われる表現について、雛形となる例を用いてわかりやすく解説している。

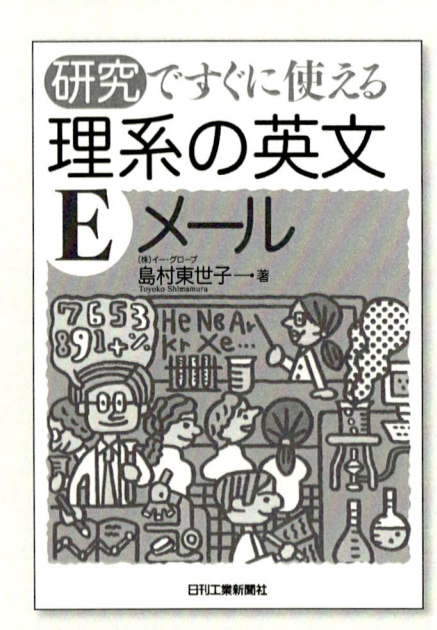

研究ですぐに使える
理系の英文Eメール

島村東世子　著

2000円＋税　Ａ５判　176頁
ISBN 978-4-526-06361-9

専門英語の必要性が高まる中、理系の研究者・技術者向けに英文Eメールの勘どころをおさえた一冊。現場でよく使われる表現や例文を多数収録し、丁寧表現や重要ポイントもわかりやすく解説。すぐに使えて応用しやすい構成となっている。「本当に役立つ 英文ビジネスEメール」の第2弾。